INSTITUT D'ACTION FRANÇAISE.

Chaire Rivarol. — 1907

L. DIMIER

LES PRÉJUGÉS ENNEMIS DE L'HISTOIRE DE FRANCE

L'histoire imparfaitement observée nous divise : c'est par l'histoire mieux connue que l'œuvre de conciliation doit commencer.

FUSTEL DE COULANGES.

TOME SECOND

NOUVELLE LIBRAIRIE NATIONALE
85, RUE DE RENNES
PARIS

LES

PRÉJUGÉS ENNEMIS

DE L'HISTOIRE DE FRANCE

INSTITUT D'ACTION FRANÇAISE.
Chaire Rivarol. — 1907

L. DIMIER

LES PRÉJUGÉS ENNEMIS DE L'HISTOIRE DE FRANCE

> L'histoire imparfaitement observée nous divise: c'est par l'histoire mieux connue que l'œuvre de conciliation doit commencer.
>
> FUSTEL DE COULANGES.

TOME SECOND

NOUVELLE
LIBRAIRIE NATIONALE
85, RUE DE RENNES
PARIS

CHAPITRE X

LA REVENDICATION DES SECTES. — I. LES ALBIGEOIS.

L'ordre des temps amène, en même temps que la Renaissance, la Réforme. C'est une autre matière à ces réflexions. Mais on ne peut l'aborder sans retourner d'abord à des faits plus anciens, dont l'histoire ne s'en sépare guère : je veux parler des hérésies du Moyen-Age, première semence de la Réforme et comme ses essais avortés. Parmi ces hérésies aucune n'a troublé le monde autant que celle des Albigeois ; aucune n'a tenu plus de place dans les commentaires des modernes.

Chez les historiens ennemis de notre histoire, cette hérésie fait le sujet des premières récriminations en faveur de la liberté de conscience ; un autre caractère rend celles-ci remarquables, c'est qu'elles ont pour support les attaques sauvages dirigées contre l'Inquisition. Je n'ai donc pu me dispenser d'y consacrer tout ce chapitre.

Les troubles religieux que présente le Moyen-Age imitent à l'avance la Réforme. Les Réformés n'ont pas manqué de tirer parti de cette circonstance, pour se composer des ancêtres. Jean Huss, Wiclef, Valdo, Pierre de Bruis, Arnauld de Bresse, ont ce rang dans leurs commentaires. Aux yeux des révolutionnaires, la mémoire de ces hérétiques en profite. La cause de la Révolution, rattachée premièrement à celle de la Réforme, rejoint jusque dans ces temps lointains le parti de ces premiers rebelles. De ces causes différentes, il était naturel que nos ennemis ne fissent qu'une seule cause, celle de toutes les menées anarchiques contre les pouvoirs légitimes.

Dans l'ordre religieux ces menées épousent une forme de fanatisme hypocrite qui les distingue éminemment. Ce trait fait le lien des trois chapitres qui dans ce livre seront consacrés aux sectes proprement dites. Il n'a pas rebuté les tenants de la libre pensée républicaine, déclarés cependant contre tous les fanatismes. C'est qu'ils n'ont pu éviter d'admettre dans leur alliance tout ce qui se déclare en révolte contre le gouvernement moral des hommes. Ce gouvernement a chez eux le nom de tyrannie des consciences. Le point est de s'unir contre une telle tyrannie. Aussi bien, pour l'anéantir, rien ne saurait valoir la ruine de la société spirituelle. Celle-ci n'exerce le contrôle des consciences que dans l'intérêt des consciences mêmes. Elle ne tire d'aucune raison d'État le droit proclamé par elle de régler et de contraindre les individus. Voilà le scandale de la Révolution, qui consent que l'usage de la force réduise, non pas améliore les personnes; aux yeux de qui le bien de l'individu ne sera jamais que la liberté.

Ainsi le renversement de l'Église importe d'abord à la Révolution. Dans ce dessein, comment ne verrait-elle pas que la haine des sectes chrétiennes en France la sert plus que ne la contrarie un reste de formes ecclésiastiques qu'elles gardent ? De là vient qu'elle ne leur marchande, ni dans le présent sa protection, ni dans le passé ses avocats.

Ceux-ci, issus de l'armée de la Révolution, manquent aux Albigeois moins qu'à d'autres. Je rappellerai pour commencer l'ordre des faits dont il s'agit.

La Croisade des Albigeois dura de 1208 à 1229. Elle fut terminée par le traité de Meaux. Elle eut pour cause l'hérésie que propageaient dans le midi de la France les comtes de Toulouse, dont la puissance était une des premières du temps. Le pape Innocent III commença de la combattre au moyen de la prédication. Il excommunia Raymond VI. A cette attaque, armée jusque-là des armes spirituelles seulement, l'hérésie, dont on plaint le sort chez nous, répondit tout de suite par la violence. Le légat fut assassiné. Il s'appelait Pierre de Castelnau (les écrivains du nord écrivent Châteauneuf) : ce fut là-dessus que la Croisade commença.

Elle fut conduite par Simon de Montfort, un des plus

grands capitaines de guerre qu'on ait vus, surnommé le Machabée de son siècle. Ayant réduit le comte de Toulouse à prendre le parti de la Croisade, ce comte et lui menèrent la guerre de concert contre les vassaux du comté. Béziers fut prise et mise à sac. Mais le comte se retourna, et osa livrer contre les croisés la fameuse bataille de Muret. Il la perdit et Toulouse fut conquise. Le concile de Latran, convoqué pour régler l'hérésie, fut réuni en 1215.

De nouveaux retours signalèrent la campagne. Toulouse reprise fut rassiégée. Simon de Montfort fut tué devant ses murs. Enfin le roi de France intervint. On convint qu'Alphonse de Poitiers, frère de saint Louis et gendre de Raymond VII, tiendrait le fief à la place de ce dernier. Ce traité, négocié par Blanche de Castille, assura le midi de la France à la couronne.

Un pasteur, Napoléon Peyrat, a composé en huit volumes une histoire fanatique de ces événements. On jugera du ton par ceci, dont la citation importe à mon dessein :

Les Albigeois, écrit Napoléon Peyrat, sont les derniers Aquitains. Leur histoire renferme une épopée et un martyrologe patriotique et religieux. L'épopée, c'est la guerre romane, la triple défense du ciel, du sol et de la cité : du territoire contre la Croisade, de l'indépendance nationale contre la monarchie Capétienne, de la liberté religieuse et de l'affranchissement de l'esprit humain contre la théocratie romaine.

Guerre autrement auguste et sainte que celle qui remuait alors l'Occident ; car tandis que l'Europe se précipitait sur l'Asie pour la délivrance de Jérusalem et du tombeau du Christ, l'Aquitaine combattait pour le céleste Amour, le Verbe éternel, la Cité de Dieu... Le Catharisme expirant vit tomber des nuées du ciel la grande théocratie romaine, chassée de Rome, exilée d'Italie, captive dans Avignon par un ministre albigeois dans une cité albigeoise. Ses regards en s'éteignant purent entrevoir dans les ombres de l'avenir, à la lueur des bûchers de Huss et de Savonarole, les *têtes colossales* et vengeresses de Luther et des réformateurs du seizième siècle.

J'ai déjà noté chez ces auteurs le ton de déclamation grossière.

Je laisse la question nationale, qui, dans l'esprit de celui-ci, n'est qu'un prétexte. Je raisonne dans l'hypothèse de l'excellence du composé français et de son unité politique profonde. Appeler funeste l'intervention de Jeanne d'Arc qui sépara la France de l'Angleterre, ou regretter la réunion de l'Aquitaine et du Languedoc à la monarchie Capétienne, c'est se placer en dehors de la communauté nationale. Toute question de race ou de langue soulevée à propos de la guerre des Albigeois, ne trouve donc pas sa place ici.

Aux yeux de chacun, la question des Albigeois n'est plus qu'une question religieuse. C'est à ce titre qu'on doit l'examiner. Remarquons seulement que le triomphe de l'Église ne se trouve pas séparé de l'intérêt de la France, et que l'hérésie vaincue a préparé la domination Capétienne. En défendant la cause de l'une, nous aurons donc plus que l'avantage de défendre une cause inséparable au fond et dans la suite de l'histoire de celle de l'autre ; nous défendrons l'une et l'autre en même temps, et nous nous réjouirons de voir qu'une plume huguenote n'a pu gronder contre l'Inquisition sans insulter dans la même page l'unité nationale française.

C'est en effet le préjugé courant, que l'établissement de l'Inquisition est contemporain de la Croisade des Albigeois. On y joint cette opinion que saint Dominique, qui fonda, comme on sait, l'ordre des Frères Prêcheurs à Toulouse en 1215, en fut le premier inquisiteur. Ni l'un ni l'autre n'est vrai. L'Inquisition ne paraît qu'en 1231, et saint Dominique n'y eut pas de part. Il est vrai que son œuvre de prédication s'exerça chez les hérétiques que Simon de Montfort combattit ; ainsi l'apostolat de ce saint a pour alliée l'épée de la Croisade ; mais il va sans pouvoir coercitif d'Église, et ne tient pas plus en soi de la force, que l'action de Bourdaloue chez les protestants n'a participé des dragonnades.

La vérité est que Toulouse devint bientôt un des principaux sièges de l'Inquisition. Au commencement du quatorzième siècle, ce tribunal y était présidé par le célèbre Bernard Gui. Il est vrai encore que l'Inquisition n'eut pas d'autre objet, dès ses commencements, que la destruction active de l'hérésie. Tels sont les termes dans lesquels l'histoire de l'Inquisition est liée à celle des Albigeois. C'est assez pour que l'une dépende de l'autre, pour qu'on ne puisse faire l'éloge de la Croisade sans l'apologie de l'Inquisition.

Plus d'un s'est essayé dans cette apologie, avec profit pour la connaissance des faits ; mais peu ont instruit le lecteur de ce qu'il cherche dans une pareille étude. Cela tient à ce que peu d'historiens ont abordé cette étude l'esprit libre. Le préjugé courant les dominait eux-mêmes. Ils ont manqué des principes fixes qui, dans la presse des faits d'apparence incertaine et quelquefois contraire, et de plus toujours incomplets, permettent de conserver au passé sa figure, obscurcie par les idées modernes. A plusieurs de ces apologistes il a paru que l'Inquisition ne méritait qu'un plaidoyer timide en faveur des intentions des hommes et à la charge des préjugés du temps, une rectification partielle des griefs, la revision de vingt procès de détail. Mais rien n'importe moins que ces revisions-là, puisque d'une part le lecteur reste en doute si toutes lui passent devant les yeux, et que de l'autre ce qu'il souhaite de savoir n'est pas s'il se commit des abus, mais si l'institution était légitime. C'est perdre son temps d'entreprendre de prouver qu'une institution de tyrannie a été pratiquée avec modération : la chose n'étant ni vraisemblable en soi, ni utile dans ses conclusions. Il n'est pas vraisemblable qu'un tribunal de sang ait pris soin de ménager ses victimes ; et les gens raisonnables n'ont garde de moins haïr un régime détestable, parce qu'il a fait moins de mal qu'on n'aurait cru. Les meilleures des institutions traînent avec elles de grands abus ; ceux qui ignorent cela savent peu de chose. Vingt récits des abus de l'Inquisition n'entament pas l'estime qu'on doit avoir pour elle ; cent anecdotes morales à son sujet n'avancent pas son éloge d'un pas.

Ces réflexions sont indispensables à qui veut apprécier l'intérêt du livre que S. G. Mgr Douais, évêque de Beauvais, a nouvellement publié sous ce simple titre : *l'Inquisition*. On ne saurait voir d'étude mieux conduite de l'essence de cette institution, surprise dans ses origines, et dont l'exacte détermination emporte toutes les conséquences importantes. J'ajoute qu'il n'existe pas du fameux tribunal de plus solide apologie.

Il faut de toute nécessité qu'un lecteur moderne se mette en tête ce que signifie en soi, ce que représente dans l'ordre des faits, le nom d'hérésie. Car c'est là-dessus que roule tout le débat.

A ce seul nom que répondent nos préjugés ? que le blâme qu'il exprime doit être corrigé, parce qu'une propagande hérétique est une œuvre de persuasion, et que les justes lois ne réprouvent que la contrainte. Tel est le fond du préjugé moderne. Il n'est pas difficile de faire voir qu'il est absurde.

Il n'est pas vrai que les justes lois n'aient à prévenir que la contrainte. D'une part, il y a des contraintes qu'elles ont raison d'encourager ; en revanche, maint abus se commet au moyen de la seule persuasion, qu'elles ont pour devoir d'empêcher. Ces abus relèvent de la violence, encore qu'aucun coup ne soit donné ni reçu, et que le corps ne soit point touché. L'esprit tout seul agit, au moyen du mensonge, du sophisme, de l'ascendant volé. Je demande si, parc que ces moyens ne tombent pas dans le domaine des sens, il faudra que les méchants en disposent à leur aise. Quoi ! les faibles d'esprit, les ignorants, les simples, les timides (et chacun sait à quel point le genre humain participe dans toutes ses classes de ces raisons d'être protégé) seront livrés sans défense à l'audace du mensonge, aux prestiges de l'hypocrisie, à la séduction du fanatisme ? La justice consistera à ne point empêcher cela, à éviter scrupuleusement l'ombre d'une surveillance, le soupçon d'un contrôle ! Le progrès d'une société se marquera dans le degré de liberté laissée aux abus des pouvoirs d'esprit de se produire ?

Des écrivains ont le front de nous présenter cela comme le parti de l'humanité. Mais ce n'est que le parti de leur propre licence : licence de tromper et de corrompre, licence d'en imposer par le prestige de plume à laquelle il n'est pas même besoin qu'aucun talent leur donne droit. Car combien d'ânes exercent l'ascendant des docteurs ! combien de goujats celui des âmes sensibles ! Rien n'intéresse moins le genre humain que cette cause-là. Cependant ils ont eu l'art de jeter le peuple dans leur parti, et de faire croire partout que la cause du peuple et la leur étaient en effet solidaires. Comment cela ? C'est que premièrement le peuple est esclave, en second lieu que le *verbe* affranchit : ainsi le *verbe* est l'allié du peuple. Chacun sait quel *verbe*, et quelle littérature ! et de quel style ils font leur propre éloge ! Tout ce qu'on entasse là-dessus fait pitié. La vérité est qu'il en est du discours imprimé comme de la langue. *Il n'est rien de meilleur*, dit le Phrygien, *ni de pire*. Ceux qui ne voient dans la presse que du bien, sont les plus grossiers des barbares.

Notre siècle s'excuse sur la grande différence qu'il y a entre le délit de pensée et le crime de fait. Cela est plus misérable encore. Est-ce que les faits se commettent sans penser ? est-ce que les pensées ne conduisent pas au fait ? Il est vrai que le métier de penser et celui d'exécuter échoient à des hommes différents, de sorte que les premiers échappent au châtiment par là. Ceux-là justement mènent les autres ; seuls sont punis ceux qui les écoutent : c'est la moralité du système.

L'Inquisition repose sur les principes contraires. Les hommes de ce temps-là n'avaient point lu Rousseau, ils ignoraient les Droits de l'Homme. Ils n'avaient de science que celle des anciens, jointe à celle qui s'acquiert dans le monde. Ils croyaient le délit de pensée punissable. Ils évitaient, en le punissant, d'avoir à en punir les effets certains.

L'idée que nous nous faisons aujourd'hui de ces effets, est une autre source d'erreur, quand il s'agit des hérésies.

Accoutumés que nous sommes à voir vivre paisiblement ceux qui les professent aujourd'hui, à voir, dis-je, l'hérésie non seulement affecter une forme de vie honnête, mais se rendre la source, chez ceux qui la pratiquent, de plusieurs des fruits excellents qu'assure la soumission aux disciplines morales réglées dans le sein de quelque Église, nous avons peine à croire que le salut social ait exigé qu'on les persécutât. Aussi le cas de ces descendants diffère-t-il extrêmement de celui de leurs ancêtres. Quelques germes d'anarchie que contiennent leurs doctrines, de quelque détestables réveils même que les rende capables chez nous l'atmosphère des troubles civils, il n'en est pas moins vrai que la longue habitude et les adaptations qui s'ensuivent ont pour effet de rendre leur présence supportable au sein des pays même dont ils renient l'histoire. Oui, même au sein de la France, qui de tous ceux d'Europe leur est le plus hostile et le plus étranger, rien n'empêche que les Protestants ne vécussent paisiblement, avec profit pour la nation, sous un régime dont la stabilité ôterait aux partis l'envie de se produire. Mais il n'en fut pas de même à l'origine.

Alors le fanatisme des sectes étale toute sa verdeur et sa férocité, l'espoir de se rendre maîtresses les conduit à tous les excès, la rage contre ce qui les rejette comme d'indiscrètes nouveautés fait d'elles des ennemies publiques. L'ivresse des liens qu'elles brisent engendre en un moment des corruptions pires que toutes celles dont leur révolte s'autorise. La hiérarchie, les mœurs, l'ordre public, sont à la fois en butte à leurs violences. Toutes les répressions alors se rendent légitimes, quand elles émanent de ceux qui ont charge d'y pourvoir conformément à leur fonction.

En un siècle comme celui dont nous faisons l'histoire, au sein d'une société jouissant de l'unité doctrinale absolue, les dissidences religieuses ne se distinguaient pas de la rébellion civile. A ce sujet Mgr Douais dit fort bien : « Les hérétiques du treizième siècle, dont l'Inquisition connaîtra, sont des gens qui se sentent les coudes ; qui, groupés et formant une sorte d'association internationale, sont armés pour la lutte religieuse sans doute, *mais sociale aussi, car pour personne en ce temps-là religion ne se sépare de la politique* (1). » Positivement l'hérétique en ce temps-là rompt autant qu'il est en lui ce qu'on appelle le pacte social. Il cherche des conditions d'existence morale que la société ne saurait assurer, et dont elle-

(1) Ouv. cit., p. 148.

même a tout à craindre. Le même auteur, parlant de l'objet que l'Inquisition se propose en ramenant l'hérétique à l'unité de foi, appelle excellemment ce but : « mettre la vie de cet homme en harmonie avec la vie sociale elle-même. » Et il ajoute ce mot chargé de sens : « car ce n'est pas seulement d'une loi qu'il s'agit. »

Depuis la fin de l'Arianisme, aucune secte ne s'était élevée en Occident. Cela ne remontait pas moins qu'au sixième siècle. Le premier signe des troubles nouveaux fut ressenti en 1017, lors de l'affaire dont les auteurs ont parlé sous le nom des *fanatiques d'Orléans*. Deux chanoines, Étienne (nommé chez les uns Héribert) et Lisoïus, habitants de cette ville, furent attirés à des croyances nouvelles par une femme venue d'Italie. La secte naissante fut dénoncée, et les chanoines livrés au feu. Cela se passait sous le roi Robert. Ces hérétiques niaient le Sauveur de chair ; ils rejetaient l'Eucharistie ; ils condamnaient aussi l'invocation des saints.

Bientôt des symptômes du même genre se firent sentir en d'autres lieux. Je ne retiens ici que la France. A Toulouse et dans le Périgord, des commencements d'hérésie parurent. Dans tout ce qu'on en pouvait saisir on reconnut le Manichéisme. Je rappelle que cette hérésie, glorieusement combattue par saint Augustin, consistait dans un mélange des dogmes chrétiens et de plusieurs croyances des Persans, sectateurs de Zoroastre. Ces hérétiques admettaient deux principes, l'un du mal, l'autre du bien, entre qui l'égalité régnait. On ne peut assigner de façon certaine la route que cette hérésie suivit vers l'Occident. Bossuet remonte jusqu'à la source d'où elle filtra dans toutes les contrées d'Europe. C'est la Bulgarie, d'où la Lombardie l'avait reçue. Un évêque du nom de Marc la propageait dans ce dernier pays. D'autre part, on sait que l'Arménie et la Thrace avaient accueilli le Manichéisme. Au neuvième siècle, sous l'empereur Basile le Macédonien, Pierre de Sicile avertissait l'évêque de Bulgarie de l'hérésie manichéenne qui menaçait.

Pierre de Bruis et son disciple Henri furent ceux qui la propagèrent dans l'Albigeois. En peu de temps un prosélytisme opiniâtre leur donna de nombreux disciples. Cette secte prit de son premier auteur le nom de Pétrobusiens. On les nommait aussi Patarins ou Cathares : ce dernier signifiant la pureté qu'ils s'attribuaient à l'exclusion des autres hommes. Ils se tenaient aussi pour purificateurs, et se nommaient pour cela *Catharistes.*

Leur pratique consistait dans une grande ostentation de pauvreté et dans la prétention de renouveler le pur esprit de l'Évangile au sein de l'Église. Ne pas jurer leur était un devoir rigoureux, et ils n'admettaient pas qu'on eût le droit de punir.

Ces singularités de morale, effet de la vanité de

réforme dont sont possédées toutes les sectes, allaient avec des idées extravagantes sur la discipline. L'effet du péché chez les prêtres n'était rien moins que de rendre les sacrements nuls entre leurs mains; au contraire, ils étaient valides administrés par un laïc, pourvu qu'il fût en état de grâce. Enfin le grand fond de cette secte était la réprobation de la chair, regardée chez elle comme l'œuvre du diable, représentant le mauvais principe. Cette réprobation avait d'étranges effets. Elle condamnait premièrement les Cathares à l'abstinence absolue des viandes; de plus, elle leur interdisait le mariage, comme source de procréation de chair.

Il est vrai que ce seul effet le rendait condamnable. Aussi de honteux écarts de mœurs, qui n'avaient pas cette conséquence, étaient-ils tolérés chez eux.

Cet amalgame de prescriptions futiles, de parade orgueilleuse et de relâchement secret, qui compose la figure de tous les hérétiques, régnait au plus haut degré chez ceux-là. Il faut en voir la description dans l'*Histoire des Variations* de Bossuet. Le tableau qu'il donne peut servir à nous garder des séductions qu'exerce dans tous les temps l'appel au fanatisme de la canaille chez les charlatans de dévotion.

Voici comme Enervin, cité dans cette histoire, fait parler les Albigeois s'adressant au peuple catholique :

Vous autres, disaient ces hérétiques, vous joignez maison à maison et champ à champ. Les plus parfaits d'entre vous, comme les moines et les chanoines réguliers, s'ils ne possèdent point de biens propres, les ont du moins en commun. Nous, qui sommes les pauvres de Jésus-Christ, sans repos, sans domicile certain, nous errons de ville en ville, comme des brebis au milieu des loups, et nous souffrons persécution comme les apôtres et les martyrs (1).

Ce genre de propos a de quoi ravir tout ce qui n'aime et ne recherche dans le zèle religieux qu'un moyen de s'élever au-dessus des autres hommes. Il enchante en particulier tous les écrivains protestants. Napoléon Peyrat va là-dessus jusqu'à féliciter les Albigeois de leurs mœurs. Il faut ici un peu plus que de l'audace.

Un autre point qui plus que tout le reste découvre le caractère de secte, c'est le secret qu'on recommandait chez eux. Ne pas se laisser connaître ; agir au sein de l'Église ; y rester pour mieux y répandre leurs principes ; en public et parlant devant plusieurs personnes, ne dire que des choses en apparence permises ; enfin, pour le succès de la cause, s'adresser surtout aux ignorants : tel est le total de leur pratique.

C'est pourquoi, dit admirablement Bossuet, Ecbert les appelait des hommes obscurs, des gens qui ne prêchaient pas, mais qui parlaient à l'oreille, qui se cachaient dans des coins et qui murmuraient plutôt en secret, qu'ils n'expliquaient leur doctrine. C'était un des attraits de la secte : on trouvait je ne sais quelle douceur dans ce secret impénétrable qu'on y observait, et, comme disait le Sage, les eaux qu'on buvait furtivement paraissaient plus agréables. Saint Bernard, qui connaissait bien ces hérétiques, y remarque ce caractère particulier, qu'au lieu que les autres

(1) *Histoire des Variations*, liv. XI, chap. 58.

hérétiques, poussés par l'esprit d'orgueil, ne cherchaient qu'à se faire connaître, ceux-ci, au contraire, ne travaillaient qu'à se cacher. Les autres voulaient vaincre ; ceux-ci, plus malins, ne voulaient que nuire et se coulaient sous l'herbe pour inspirer plus sûrement leur venin par une secrète morsure. C'est que leur erreur découverte était à demi vaincue par sa propre absurdité. C'est pourquoi ils s'attaquaient à des ignorants, à des gens de métier, à des femmelettes, à des paysans, et ne leur recommandaient rien tant que ce secret mystérieux (1).

Il faut lire là-dessus tout le livre XI de l'*Histoire des Variations*. Les preuves de ce que l'auteur y avance des Albigeois, sont le témoignagne universel et les dépositions du concile de Lombez, en 1176.

Rien ne montre mieux quelle violence une simple action de bouche et de séduction est capable d'exercer sur l'esprit des hommes. Ce qu'on pourrait appeler le sophisme du libéralisme bavard, parce qu'il ne semble avoir d'objet que d'autoriser chez les libéraux l'intempérance de la parole, n'est nulle part convaincu si bien d'absurdité.

Les prosélytes recrutés soigneusement dans une classe dépourvue de défense intellectuelle, sous le plausible prétexte d'une sainte humilité qui n'a de goût qu'au commerce des petits ; ces prosélytes gardés contre tout avertissement par la prévention où on les jette qu'ils dépassent tout le reste en pureté d'intention et en pieux dessein de réformer le monde ; l'avertissement même conjuré par la réticence des

(1) Bossuet, ouv. cit., liv. XI, chap. 32.

professions publiques où l'on ne met qu'en termes ambigus ce qui ruine la religion dans le secret des âmes ; une indépendance affichée à l'égard de l'autorité dans les entretiens particuliers ; une affectation de soumission publique ; des élancements de dévotion multipliés à proportion que la doctrine paraît plus incertaine ; une réserve cauteleuse dans l'aveu des principes ; l'équivoque renouvelée partout où l'autorité se relâche ; un emploi hardi du mensonge quand on espère l'impunité : ce sont des armes de la blessure desquelles on ne saurait garder le troupeau que par les sanctions de l'autorité. Les paroles y sont impuissantes, encore que l'hérésie se vante de n'user elle-même que de paroles ; car tout ce qu'elle met en œuvre en ce genre, ne tend qu'à étouffer la contradiction et à rendre les justes reproches inutiles. Il y faut le glaive des anathèmes. Les Albigeois devaient l'éprouver bientôt.

Ce qu'on a lu plus haut fait entendre pourquoi les rois y ajoutèrent la guerre. Gardons de nous en étonner. On ne peut contester que les puissances de chair aient charge de ce qu'il y a de plus essentiel au moins dans la morale.

Ce souci n'est commandé aux princes par aucun sentiment de piété individuelle : il se confond chez eux avec le soin de l'État. Ce qu'ils ont joint de dévotion privée dans la répression de l'hérésie n'est pas ce qui les justifie, mais leur fonction de chefs d'un ordre public lié à la défense de l'Église. L'emploi de la force entrait dans cette fonction : ils encouragèrent la Croisade ; la répression proprement dite était l'attribution de l'Église : elle décréta l'Inquisition.

Un des reproches qu'on fait à ce tribunal est de forcer les conversions. On s'imagine que son but propre est de ramener les hommes à la foi. On le croit dirigé à l'action spirituelle, on la prend pour un complément de prédication chez les Gentils. Une preuve que cette pensée règne chez nos censeurs, c'est qu'ils lui reprochent de manquer ce but en contraignant les volontés. Les conversions ainsi obtenues ne sont pas sincères, disent-ils. En vérité, ce n'est pas de cela qu'il s'agit : il s'agit de l'ordre général, auquel c'est le droit de la société de soumettre l'homme par la contrainte.

Parlant de l'abjuration légale, Mgr Douais avoue que « dans plus d'un cas le condamné ne déclara renoncer à l'hérésie que pour se soustraire à des poursuites ennuyeuses ». Avec une justesse parfaite, l'éminent prélat ajoute :

> *Ce n'était point de l'hypocrisie*, car la poursuite était légale, ses conséquences ne pouvaient avoir qu'une portée légale : tout le monde l'entendait ainsi. A ce compte, il faudrait dire que toute contrainte engendre l'hypocrisie ou la feinte, et dès lors écarter la répression comme immorale, sous le prétexte qu'elle détourne l'homme de la voie dans laquelle il s'était librement engagé (1).

(1) Ouv. cit., p. 162.

La condamnation dont il s'agit et ses sanctions de toute espèce sont, répétons-le, d'ordre public. Peut-être conviendrait-il de se persuader enfin que cet ordre existe réellement, qu'il existe une cause des peuples, que les chefs responsables ont pour mission de protéger et de défendre. Il est, dis-je, pour l'Église une défense du troupeau ; d'autres, dit Mgr Douais, « n'ont voulu voir que le droit du coupable (1). »

Apparemment ce droit, de quelque manière qu'on le prenne, ne saurait aller jusqu'à lui assurer la libre séduction des hommes et la propagande d'anarchie. L'Inquisition ne poursuit pas autre chose. Ce qu'un homme pense en son particulier, n'est pas ce qu'elle incrimine ; les manifestations de cette pensée, les efforts tentés pour la répandre, voilà ce qu'elle punit et empêche. Que si l'on objecte que la liberté des opinions exige ces manifestations, cette propagande, d'accord. C'est en effet se moquer que de proclamer la liberté d'une religion à laquelle on défend de se manifester et de se répandre. Mais à cause de cela justement la liberté de conscience n'est la matière d'aucun droit. Le droit reconnu, selon les cas, à quelques sectes de subsister, n'engage nullement un principe.

Ainsi, quand je remarque que l'hérétique réclame plus que le droit de penser, ce n'est pas que je pré-

(1) Même ouv., p. 178.

tende que ce droit doive suffire à la liberté, c'est que je veux prévenir l'objection ridicule tirée de la liberté intrinsèque de la pensée et de sa nature impondérable: car la pensée ne s'exerce jamais seule, et il n'y a rien d'intrinsèquement libre dans les paroles et les démonstrations par lesquelles elle se manifeste.

Ce qui leur assure la liberté ne saurait être aucune prérogative de nature, mais le seul fait qu'elles ont cessé de faire scandale. Sans danger pour l'ordre public, sans dommage pour personne, il est naturel qu'on les permette ; souvent il serait fâcheux de l'interdire : c'est là tout le fondement de ce qu'on nomme fort mal la liberté de conscience.

Ainsi le droit des autorités sociales, tant séculières qu'ecclésiastiques, à poursuivre et à réprimer l'hérésie, ne peut être sérieusement contesté.

On ne laisse pas d'y trouver de l'odieux, à cause de la peine de mort que cette poursuite entraîne. Cependant l'application de cette peine fait partie de la souveraineté. On ne peut en dépouiller les princes. « Oui, dit-on ; mais ici, elle est aux mains de l'Église. » Or point du tout, et c'est encore un point sur lequel l'ignorance de nos contemporains a besoin d'être corrigée.

Chacun connaît la réponse ordinaire. L'Inquisition ne prononçait pas la peine : elle *livrait* le coupable au *bras séculier*. On prend ces mots pour une mauvaise défaite, pour une distinction sans portée. C'est qu'on néglige, d'une part de rechercher ce qu'ils veulent dire, de l'autre d'en remarquer les effets.

L'Inquisition ne requérait point la mort. C'était une peine qu'elle ne pouvait prononcer. Cette interdiction tenait à la nature même et au fond de l'institution, qu'il importe de définir.

L'Inquisition consiste précisément dans une délégation *papale* d'un *juge enquêteur* dans les diocèses, délégation permanente. Elle est l'effet de l'intervention directe du pouvoir suprême de l'Église sur tous les points de la Chrétienté. Or cette intervention ne fut pas inventée afin de défendre l'Église contre l'hérésie ; ce soin n'étant que trop volontiers pris en ce temps-là par les princes ; elle vint de la nécessité pour l'Église de rester maîtresse de ce qui la regarde dans un crime d'hérésie, de ramener à elle et de retenir la connaissance théologique des causes. Tel fut l'objet de cette institution. Ses ennemis ont dit : « Les prêtres mirent en système l'oppression des consciences et la guerre sanglante contre la liberté » ; ses défenseurs : « Dans ces temps difficiles, il fallait bien que l'Église avisât : ne chicanons pas le choix des remèdes quand il s'agit d'un si grand mal » : les uns ne parlent pas mieux que les autres, et l'apologie ne vaut pas mieux que la critique.

Ce qu'il faut dire, c'est que l'Église fit en ceci son métier de pouvoir spirituel. Elle remplit le devoir rigoureux de sa charge, dans un temps où la répression de l'hérésie ne faisait question pour personne, et où partant le pouvoir séculier ne pouvait manquer d'y pourvoir : toute répression d'un danger public revenant naturellement aux princes.

De tout temps, dans l'ordre théologique, l'évêque a connu de l'hérésie. Il n'est institué que pour cela. Il en a connu, dis-je, pour la combattre. Le pullulement des sectes au onzième siècle obligea de rechercher contre elles d'autres défenses que celles des peines ecclésiastiques. Ce ne furent pas les prêtres qui sentirent cette nécessité, mais tout le monde : les princes comme l'Église, et la foule comme les princes.

Un fait notable de ces temps-là consiste dans les colères que le peuple ressentait à l'endroit des hérétiques. Ces novateurs étaient en horreur aux foules. En plusieurs circonstances elles-mêmes en firent justice. Ce que nous appelons le *lynch* se pratiquait contre eux. Notre presse quotidienne affiche pour les faits de *lynch* un mélange d'horreur et de vénération : il ne tiendra qu'à nous de transporter à celui des hérétiques cette crainte respectueuse.

L'Église demanda aide. Les princes prirent le bûcher. Ils décrétèrent cette peine de leur autorité. L'empereur Frédéric II l'inscrit dans sa constitution de 1224, en ces termes : « *auctoritate nostra ignis judicio concremandus.* » En 1184, la diète de Vérone avait décidé de rendre à la justice civile le jugement des hérétiques. Ce fut la justice civile qui décida de leur châtiment.

Peut-être on se moquera de la correction que j'apporte. Ceux qui n'ont à la bouche que le mot de cruauté, diront qu'il importe peu que cette cruauté soit l'œuvre des princes ou des évêques, quand l'objet de la répression ne change pas, la mort étant toujours la sanction de l'hérésie : car c'est là ce qu'ils jugent inadmissible. Je réponds à ceux-là : Instruisez-vous. Instruisez-vous *de ce qu'était l'hérésie*, partant des sanctions qu'elle méritait, à la vue des pouvoirs qui s'en attribuaient la répression, qui se l'attribuaient, dis-je, par des actes si formels. C'étaient les pouvoirs civils ; il faut donc croire que le crime d'hérésie apparaissait alors comme un désordre plus politique que religieux. Rejeter cette conclusion, c'est refuser d'écouter l'histoire, la réformer sur les idées qu'on a, et qu'on déclare seules valables pour tous les temps et pour tous les lieux.

Venant d'intention politique, la rigueur ne saurait plus passer pour abus du zèle religieux. Le caractère d'odieux qu'on y attache disparaît. Tout ce qu'on en peut dire n'est plus qu'une opinion sur la sévérité des peines en ces temps-là, sévérité dont on peut croire au reste que ces temps étaient mieux en mesure de juger que nous.

Car quant à l'attribuer au zèle privé et à la dévotion des rois, c'est oublier que nombre de princes de ce temps ont étalé fort peu de dévotion, quoique traitant l'hérésie avec la même rigueur. Plusieurs n'ont été que des politiques seulement ; d'autres allaient jusqu'à l'impiété. Les démêlés de Frédéric II avec le pape Grégoire IX emplissent précisément cette partie de l'histoire. D'autres ont été les plus modérés des hommes. Ces différents caractères de princes sont la preuve la plus éclatante que la répression de l'hérésie ne venait d'aucun de leurs sentiments particuliers, mais tenait à leur fonction de princes chrétiens, chargés de l'ordre de la Chrétienté.

Quant à l'horreur que le bûcher nous inspire, elle tient à ce qu'on ne considère pas ce qu'était l'échafaud dans un temps où il fallait parfois jusqu'à dix et quinze coups de hache pour abattre une tête. Le feu était-il plus affreux ? Il ne paraît pas que l'intention des hommes se soit réglée sur cette opinion. Nulle part on ne voit que le dessein ait été de raffiner le supplice des hérétiques. On les vouait au bûcher, en témoignage du fait d'hérésie, comme d'autres étaient condamnés à la potence pour vol.

Cette situation définie et comprise, quelle part voit-on qu'y prend l'Église, en quoi consiste son intervention ? En ceci, qu'elle dit aux princes : « Punissez, mais pas avant que je vous rende le coupable. Un accusé d'hérésie m'appartient. Seule la sentence ecclésiastique peut tirer l'hérétique de ma juridiction. »

C'est donc pour protéger que l'Église intervient, non pour protéger les coupables, pour réclamer avec attendrissement et larmes le relâchement des lois nécessaires en leur faveur. L'Église n'a jamais joué ce rôle, qui plaît à l'imagination mélodramatique des modernes. Elle n'a fait de la pitié le fondement d'aucune règle de sa morale ni d'aucune de ses institutions, n'ignorant pas que la vraie miséricorde défend d'affaiblir la justice. L'Église intervient pour défendre les droits de l'accusé d'hérésie à n'être jugé que par ses juges, seuls éclairés, seuls compétents, seuls garants de l'équité des sentences en ce genre. Ces droits sont les droits de l'Église même. Ils sont le bien de tous les fidèles. Par eux se trouve empêché que le bras séculier ne s'empare, sous prétexte d'hérésie, des personnes, et ne les condamne à sa fantaisie. Non qu'on ôte à celui-ci le châtiment du crime, mais il ne saurait en connaître. Aux juges d'Église de décider si celui qu'on accuse est coupable ; à eux le droit de le renvoyer absous, et par là de le soustraire à toute recherche du prince. Celui-ci n'a de droit que si l'Église condamne. Seule la condamnation dont l'Église dispose, peut le livrer au bras séculier.

Voilà le sens de cette expression. Ce qu'elle exprime n'est pas la vindicte de l'Église déléguée par elle à l'État, mais le droit de celui-ci succédant à son droit dans une affaire dont elle a la règle. Il n'a donc rien que d'humain, que de raisonnable, que de conforme à la nature des choses. On le trouvera quant aux faits parfaitement établi au chapitre v de la 1re partie du livre de Mgr Douais.

Quant à dire qu'en fait remettre au bras séculier un hérétique condamné, c'était l'envoyer à la mort, cela même n'est pas vrai. Le bras séculier ne tuait pas nécessairement. C'est un point qu'on ignore généralement. Nous n'avons pas conservé de collections des sentences de l'Inquisition : à cause de cela la preuve directe échappe; mais une preuve indirecte y supplée en partie, c'est les traces subsistantes de l'administration des *incours*, ou biens provenant d'hérétiques confisqués. Le fait même des incours atteste que la mort était en beaucoup de cas remplacée par la confiscation. Dans ce que nous lisons de cette administration, se trouvent même des plaintes causées par les lenteurs que l'Inquisition mettait à prononcer cette peine.

A l'égard de l'Inquisition, tout s'est confondu dans l'imagination moderne. Aux critiques qu'on élève contre les condamnations, se mêle la question de la torture. Elle ne regarde pas l'Inquisition, c'était la procédure commune, et le moyen en usage dans tous les tribunaux pour recueillir les témoignages. Bien loin qu'elle fût le propre des tribunaux d'Église, David d'Augsbourg la nomme, de son nom propre, « *judicium seculare*, la procédure civile » (1). Eymeric, l'inquisiteur, est si éloigné d'en réclamer pour eux l'invention qu'il écrit (2) : « *Quæstiones sunt*

(1) Mgr Douais, ouv. cit., p. 171.
(2) Même ouv., p. 176.

fallaces et inefficaces. La question est trompeuse et inefficace. »

On l'employa pourtant, faute de mieux, et parce qu'il n'y avait pas de jugement qui fût en mesure de s'en passer alors. Un autre trait qu'on reproche à cette procédure, c'est le témoignage clandestin, les témoins n'étant pas confrontés ; c'est aussi la suppression de l'avocat.

Ces dispositions nous choquent extrêmement, parce qu'elles diffèrent de celles que nous voyons en vigueur aujourd'hui. Au contraire, le secret de l'instruction ne nous choque pas, parce qu'il est encore pratiqué. Cependant le secret de l'instruction n'a rien en soi de ni plus ni moins équitable que le secret du témoignage. Celui-ci tient dans la circonstance à des nécessités évidentes. Sans ce secret, un tribunal connaissant de matières pareilles à celles de l'Inquisition n'aurait jamais pu faire sa charge ; la crainte des vengeances de secte eût infailliblement fermé la bouche à tout ce qu'il y aurait eu de témoins des pratiques des hérétiques.

Nous tenons aussi beaucoup à l'avocat. Le refuser en matière civile ou criminelle de nos jours serait le fait d'un tyran. Il n'en était pas de même dans le cas de l'Inquisition. Un examen théologique a peu à faire des services qu'il rend. On y juge des paroles ou des actes rituels ; ni l'un ni l'autre ne laisse de place au caprice de l'interprétation. En pareil cas, les lumières des juges font tout. Ajoutez qu'en matière d'hérésie, personne n'eût souffert alors ce que nous appelons « plaider coupable ». C'est le grand fort des avocats. Il eût déshonoré ceux-là, ou plutôt il eût fait d'eux de nouveaux accusés de l'Inquisition.

Voici maintenant la revanche de celle-ci. Les différences de ce temps au nôtre ne sont pas toutes du même côté. D'autres dispositions faisaient à l'accusé des avantages que nous ne connaissons plus. Premièrement, il n'y avait pas de prison préventive. Cela paraîtra incroyable aux modernes ; cela est certain pourtant. En second lieu, les témoins étaient récusables. Ils l'étaient quoique secrets. L'accusé donnait d'avance les noms de ceux qu'il récusait, et les juges observaient fidèlement cette exclusion. La récusation allait si loin, qu'on pouvait récuser même l'inquisiteur, et il y a de cela plus d'un exemple.

Enfin n'oublions pas que ce tribunal d'Église ne manquait jamais d'user d'un droit refusé au tribunal civil, celui de remettre la peine aux accusés repentants.

Résumons cette importante matière. Toute l'apologie nécessaire de l'Inquisition tient en deux termes.

Admet-on qu'un pouvoir connaisse du délit de pensée, je dis de pensée exprimée, de prédication, et qu'il n'y ait en cela de tolérance commandée que dans le cas où cette pensée ne cause aucun dommage? Voilà la part du pouvoir civil.

Ce point admis, est-ce dureté ou douceur, est-ce rigueur ou miséricorde, que le pouvoir spirituel intervienne, ou trouve-t-on qu'il vaudrait mieux que le temporel réglât tout? Voilà la part de l'Église.

Conclusion. Cette intervention avouée, n'est-il pas dans l'ordre que la coercition dernière reste à l'État, l'exhortation préalable à l'Église? L'institution dont nous parlons fut cela.

« L'organisme de l'Inquisition, dit Mgr Douais, un, logique et fort, dans les circonstances d'où elle sortit, avec le but qui lui fut assigné et grâce aux moyens de justice dont il disposa, fut en lui-même puissant au point de réduire l'hérétique, sage et respectueux de la justice sociale de l'époque, et assez armé pour écarter le pouvoir séculier du domaine spirituel réservé à l'Église (1). »

Des catholiques, qui se croient permis de faire ici la leçon à l'Église, ont bien osé répéter qu'une telle institution ne devait servir et n'a servi à rien. Nos adversaires ne sont pas de cet avis.

Une fois de plus, dit Charles Molinier, parlant des effets de l'Inquisition, une fois de plus a été prouvé ce fait, *qu'il nous faut bien admettre malgré toutes nos répugnances, parce que l'histoire en fournit trop d'exemples irrécusables :* c'est que la violence employée

(1) Ouv. cit., p. 273.

avec système peut avoir raison des idées, et que la force de résistance départie aux idées contre la violence n'est pas sans limite.

Aveu précieux dans la bouche de l'école qui professe le messianisme révolutionnaire de l'Idée par une majuscule. Quant à nous, qui n'avons de répugnance à pas une seule des vérités de l'histoire, nous trouverons dans celle-ci matière à nous féliciter positivement : nous nous féliciterons, dis-je, de ce que l'action redoutable des idées n'échappe pas aux pouvoirs légitimes ; nous nous féliciterons de ce que l'obéissance réclamée des hommes par l'autorité ne soit pas ravalée au niveau de celle des corps, mais, s'étendant jusqu'à l'esprit, obtienne, avec l'hommage des actes, l'assentiment des volontés.

CHAPITRE XI

LA REVENDICATION DES SECTES. — II. LES PROTESTANTS.

Ce sujet en soi est immense. Je le restreindrai à la défense de la tradition française contre les attaques qu'il inspire.

Dans ces attaques, dans l'assaut tour à tour cauteleux et sauvage qu'inspire contre l'ancien régime l'intérêt du Protestantisme, se résume presque entièrement la cause tapageuse et pédante, la cause brutale et chicanière de la liberté de conscience.

J'ai réfuté le principe de cette cause dans le précédent chapitre des Albigeois. Il importe d'ajouter ici que la Réforme, qu'on ose défendre au nom de la liberté de conscience, n'en a pas admis le principe. Elle ne l'a pas admis plus que nous. De cela pris en soi je n'ai garde de la reprendre; mais je demande comment ses partisans modernes ont le front de le reprendre chez nous, de poser la Réforme en victime d'un principe qu'elle admit elle-même : celui d'un contrôle des princes sur les consciences. Il y a là un excès d'audace de la part des protestants modernes, et de mensonge du côté des révolutionnaires, qu'il importe de dénoncer sans relâche.

Je n'ai pas besoin, écrivait Bossuet, de m'expliquer sur la question de savoir si les princes chrétiens sont en droit de se servir de la puissance du glaive contre leurs sujets ennemis de l'Église et de la saine doctrine, puisque *en ce point les protestants sont d'accord avec nous.* Luther et Calvin ont fait des livres exprès pour établir sur ce point le devoir du magistrat. Calvin en vint à la pratique contre Servet et contre Valentin Gentil. Mélanchton en approuva la conduite par une lettre qu'il écrivit sur le sujet.

La discipline de nos réformés permet aussi le recours au bras séculier en certains cas, et on trouve parmi les articles de la discipline de l'Église de Genève, que les ministres doivent déférer au magistrat les incorrigibles qui méprisent les peines spirituelles, et en particulier ceux qui enseignent de nouveaux dogmes sans distinction (1).

On trouvera dans l'ouvrage de Bossuet ses autorités à l'article 56 de son x^e^ chapitre. Au nombre de ces autorités est le ministre Jurieu, son contemporain et adversaire, ce qui prouve que sous Louis XIV les protestants tenaient encore pour ce principe.

L'histoire de la Réforme est une preuve qu'il est justifié. Elle offre de la nécessité de retenir et de gouverner les consciences une vérification éclatante, par le tableau à jamais exécrable des désordres qu'elle a causés. Dans l'histoire de l'Inquisition, la suppression des sectes ôte l'occasion de faire cette vérification. C'est le faible avantage d'un grand mal, que la réus-

(1) *Histoire des Variations*, liv. x, ch. 56.

site partielle de la Réforme ait laissé au contraire à cet égard une source d'instructions toujours prêtes.

Le préjugé les étouffe, il est vrai. Il a gagné là-dedans de renverser les rôles. Dans le procès de l'Église contre la Réforme, nous assistons à ce scandale de voir, par un effet de l'adresse et des pratiques de l'adversaire, l'Église paraître en accusée. C'est sa figure devant l'opinion. C'est la posture où on la réduit, malgré le témoignage éclatant qu'ajoutent en faveur de son droit les démonstrations de l'histoire. Ce qui suit pourra servir à faire cesser ce scandale, en découvrant les causes qui ont fait prendre le change à l'opinion à cet égard.

Deux points remués à satiété ont procuré à la Réforme cet avantage : le massacre de la Saint-Barthélemy, la révocation de l'Édit de Nantes. C'est à éclaircir ces deux points que sera consacré ce chapitre.

Le massacre de la Saint-Barthélemy, survenu en 1572, fait le point aigu des guerres qui suivirent l'introduction de la Réforme en France. On ne peut l'examiner qu'avec celles-ci.

Une erreur d'ordre général, adoptée par des auteurs de partis différents, c'est de rejeter l'horreur de ces guerres sur les passions politiques. Des ennemis de la religion ont suivi ce parti, afin de montrer dans les chefs catholiques autant d'ambitieux hypocrites ;

des auteurs catholiques y ont vu l'avantage de décharger le zèle religieux de toutes les accusations qu'il encourt par ces guerres. La vérité est que cette décharge ne s'opère que par un jeu d'esprit, tel que celui par lequel d'autres croient démontrer que les attaques de l'impiété ne sont pas dirigées contre la religion, mais contre le masque de celle-ci seulement.

Nous ne doutons pas du tout que l'intérêt politique se soit servi des guerres de religion. Mais où voit-on qu'un partage d'intérêts ôte aux événements leur caractère ? L'ambition de dominer les hommes se trouve chez les docteurs de la Réforme eux-mêmes. Dirons-nous pour cela que ces docteurs, que Luther, que Calvin, n'étaient que des politiques, masqués de l'intérêt du ciel ? Mais l'ambition chez eux était d'ordre religieux ; c'est à l'autorité religieuse qu'elle tendait. C'est le préjugé de quelques personnes de croire que toute corruption du sentiment religieux, toute déviation du zèle dévot qui le tourne au mal, a pour effet d'ôter à ce zèle le caractère proprement religieux. Ce caractère au contraire demeure, non il est vrai *à l'objet* de ce zèle, qui n'est plus Dieu, mais aux parties de l'âme qu'il intéresse. De là vient que la satire que l'on fait du faux zèle tend à décréditer le vrai, et que la vogue de Tartufe est le décri de l Église.

Nos anciens, en nommant fanatisme cette corruption de la dévotion, parlaient mieux que les modernes, qui disent *cléricalisme*. Ce dernier mot n'est bon que pour les ignorants, auxquels l'impiété contemporaine s'adresse ; il ne signifie réellement rien. *Fanatisme* est un caractère, une espèce authentique de la science des mœurs. Les passions religieuses affranchies de toute règle, mises au service du sens propre, en composent la définition. Voltaire a feint qu'on pouvait l'appliquer aux catholiques ; mais il ne le ménageait aussi ni aux huguenots ni aux abjects convulsionnaires de Saint-Médard. C'est proprement aux sectes qu'il convient ; la Réforme du seizième siècle est son œuvre.

Je n'aurai donc garde de contester le zèle religieux aux Protestants. Il est ardent, il est extrême, il est abominable aussi. A défaut de ce zèle, qui les aurait soulevés ? En Allemagne, le mouvement dont profitèrent les princes était parti des docteurs. En France, il a fallu trente ans pour que cette cause revêtît le caractère d'un complot des nobles contre le roi. En y mêlant leurs intérêts, on ne voit pas même que les princes d'Allemagne y aient épargné la dévotion. Frédéric le Sage, Philippe le Magnanime, étaient des princes dévots, et même superstitieux. Le pauvre roi de Navarre Antoine, menant après soi, aux yeux de la cour de Fontainebleau, son fameux ministre David, donne une idée toute différente de celle d'une passion politique masquée.

Aux catholiques pourquoi d'autre part marchander l'honneur des sentiments qui les animaient ? Devant l'offensive des Protestants, leur colère était légitime. Ils défendaient contre eux des croyances séculaires, troublées sous le plus hypocrite des prétextes : la réforme des mœurs par le relâchement des lois, et de la discipline par la révolte ; ils défendaient le roi et la France, bouleversée dans ses fondements par de détestables *évadés* de l'Église, soutenus de l'applaudissement de quelques femmes curieuses et de quelques cuistres présomptueux. Nous avons vu de nos jours ce que produit cette alliance. Quel zèle plus louable que de la combattre ? A ce zèle, quand le parti eut perdu toute mesure, se joignit, il est vrai, l'esprit de représailles. Mais les représailles sont légitimes à la guerre, et on ne distingue pas en quoi cet esprit, qui n'est pas la religion, en déshonore la cause. Cette guerre n'était-elle pas permise et nécessaire, et pouvait-elle exister sans cela ? C'est un abus de nous présenter ici une espèce de balance égale entre les excès des deux partis. L'un de ces partis était la France. Avec la vérité religieuse, il avait le droit historique ; j'ajoute, il comptait dans ses rangs, parmi ses capitaines, quelques-uns des plus nobles caractères qu'on ait vus.

Je n'assure pas que la Réforme n'ait pas eu dans ses partisans quelques semblables caractères, ni que ses adversaires n'ont pas commis d'excès. Ce point n'importe pas ici. Le véritable excès, c'est la cause même des Réformés ; et les grands caractères n'ont de prix pour un Français que dans les rangs de leurs adversaires.

De bonne heure les Huguenots apparurent comme des conjurés contre l'État, comme des ennemis publics. La dissidence religieuse eût suffi à leur donner ce caractère; ce que j'ai dit des Albigeois s'applique à eux. Toute la différence est qu'en un temps où plus d'États se partageaient l'Europe et où moins d'unité régnait en chacun d'eux, les Albigeois devaient davantage paraître comme des ennemis de la Chrétienté; dans la France de François Ier, c'est un danger proprement national que représentent les Huguenots.

Ils le représentent en principe; ils le firent sentir dans les effets. Il ne fallut pas beaucoup d'actes de leur part pour que le peuple connût que, chez ces novateurs, l'intérêt de secte primait tout autre intérêt. Dans l'embarras d'en rapporter le détail, et pour l'avantage du raccourci qui convient à cette étude, je m'en tiendrai à deux faits principaux. Ces faits ne survinrent qu'assez avant dans le siècle, après qu'une longue suite d'événements en eut préparé l'affreux éclat.

Sous François Ier les lettrés et une partie de la noblesse avaient donné dans la Réforme. Le roi en sentait le danger; mais les pratiques habiles du parti paralysaient sa résistance par mille liens jetés autour de lui. D'autre part, l'alliance inévitable avec les

Réformés d'Allemagne contre la puissance de Charles-Quint, ajoutait à ces embarras. Une demi-tolérance s'ensuivait pour la secte, qu'on ne croyait pas si dangereuse alors. Cet avantage l'enhardit. Les Réformés commencèrent à s'adonner à ces violences, dont le pillage des églises était la plus sensible. Ces attentats demeuraient anonymes ; des hommes obscurs les renouvelaient dans le secret. On en saisit plusieurs, qu'on condamna à mort. Par l'organe de ses chefs reconnus, le parti, qui sentait sa faiblesse, multipliait les déclarations d'obéissance. François Ier était redouté ; la crainte qu'inspirait la monarchie se conserva sous son successeur ; mais elle ne devait pas passer le règne de Henri II.

Alors des rois enfants et le royaume en régence allumèrent des espoirs soudains. Se faire admettre et vivre en paix sous un régime de liberté n'était nullement ce que les Protestants demandaient. Ce rêve idyllique est le fait des modernes ; il s'accorde aux idées modernes de la liberté de conscience ; eux ne voulaient point cette liberté : leur vraie pensée, conforme à celle du temps, ne tendait qu'à s'emparer de la France et à imposer la Réforme. Les circonstances semblaient propices ; ils tentèrent le coup de main d'Amboise.

Cette célèbre conjuration, par où s'ouvre l'histoire des guerres civiles en France, constitue aux yeux de l'histoire impartiale la provocation la plus éclatante, l'attentat le plus audaciux qu'on ait vu. Il s'agissait, pour les chefs Réformés, de se saisir de la personne du roi, et, le tenant entre leurs mains, de disposer sous son nom du royaume. Ils coloraient cette impudence du prétexte de soustraire la couronne à l'influence des Guises : le fait avéré de cette influence ôtant, selon eux, le devoir d'obéir. Celle du prince de Condé, qu'ils voulaient établir, et dont la religion différait de celle du roi et de celle de ses sujets, devait avoir pour effet de rétablir ce devoir. La Renaudie, fameux par ce coup, tenta l'enlèvement, qui échoua. Les conjurés furent pris : ce qu'on osa arrêter fut livré au supplice.

Qu'on se figure l'indignation, la colère, l'ardeur de représailles qui s'éleva par tout le royaume à la nouvelle du risque couru, et du coup d'insolente audace qui venait d'y exposer le pays. La secte était haïe ; on ne la redoutait que peu, à cause de la place médiocre qu'elle tenait en France : du jour au lendemain on apprenait qu'elle avait failli s'établir, et dominer tous les sujets du roi. Ce risque parut aussi exorbitant qu'affreux. Pour le comprendre, il faut imaginer, dans le dix-huitième siècle, avant la moindre annonce de troubles, au milieu de la paix publique, les loges maçonniques s'emparant de Louis XVI (s'il eût été mineur), et consommant la Révolution par un coup d'État. Qu'on imagine ce qu'eût été l'opinion à la nouvelle d'un pareil coup manqué. Tel fut à peu près l'effet produit par la conjuration d'Amboise.

Les Réformés alléguaient le supplice d'Anne Dubourg, qu'il s'agissait pour eux de venger. Pour venger un religionnaire coupable, ils s'en prenaient à tout l'État. Mais cette vengeance plus générale n'empêchait pas les particulières. Au président Minard, qui le jugeait, Anne Dubourg prédit sa mort prochaine. « Il est aisé de prophétiser, dit Bossuet, quand on a de tels anges pour exécuteurs. » Le président Minard fut assassiné le jour même.

Dès ce moment, on comprend que les Protestants français se soient trouvés au ban de la nation.

Je viens maintenant au second fait, qui, dans la politique générale du parti, joue le rôle de l' « action directe » dans la propagande anarchiste.

Il faut savoir ce qu'étaient les Guises, la situation que leur composait, aux yeux du peuple comme des grands, le double éclat d'une fortune prodigieuse et de vertus incontestées. Qu'on ajoute le prestige de la retraite que menait dans Joinville la vieille Antoinette de Bourbon leur mère, formant ses filles d'honneur à la modestie et à la piété ; le grand esprit, les talents, le faste du cardinal de Lorraine ; le renom de bravoure et de grand caractère de celui qu'on appela M. de Guise *le Grand* : on pourra alors prendre l'idée des échos qu'éveilla la nouvelle de son assassinat dans toute la France. C'était, en même temps que la mort d'un héros, une insulte à la France catholique, qu'il personnifiait dans l'effacement de la cour, et une menace pour l'ordre public.

Personne n'eut de doute sur la part qu'y avaient prise les chefs Huguenots ; tout le parti en porta la haine. Ils alléguaient le massacre de Vassy, où il est vrai qu'avaient eu part les hommes du prince assassiné, mais dont il est constant qu'il ne fut pas la cause. Puis quelle comparaison d'une échauffourée de guerre civile et ce détestable attentat ?

Mais tous ces réformés haïssaient le duc de Guise. Ils professaient à son égard le sentiment que les hommes de désordre et d'émeute ont de tout temps porté à ceux qu'ils craignent. Bossuet a relevé les aveux enveloppés de la complicité de tous ces gens. Il est plaisant de voir Théodore de Bèze, la gloire la plus pure du parti, au premier rang de ces confidences.

Ce ministre, *ministre* du saint Évangile, avouait « avoir infinies fois désiré et prié Dieu, ou qu'il changeât le cœur du duc de Guise, *ce que toutefois il n'a jamais pu espérer*, ou qu'il en délivrât le royaume : de quoi il appelle à témoin tous ceux qui ont ouï ses prédications et ses prières (1). »

Il ajoute qu' « il ne nommait pas ce seigneur de Guise en public ». Cela n'était pas nécessaire en effet. Après de pareils encouragements, venus d'un tel lieu, il ne faut pas s'étonner si Poltrot fit le projet

(1) Bossuet, ouv. cit., liv. x, chap 54.

de tuer cet ennemi de la religion, s'il se sentit, dit Bèze, « ému d'un secret mouvement. » Entendez que ce mouvement vient de Dieu. Rien, en effet, ne tient plus du caractère de dévote entreprise, que le récit que donne Bèze de cet assassinat.

Près d'exécuter ce dessein, « il priait Dieu, dit ce docteur (1), très ardemment qu'il lui fît la grâce de lui changer son vouloir, si ce qu'il voulait faire lui était désagréable, ou bien qu'il lui donnât constance et assez de force pour tuer ce tyran, et par ce moyen délivrer Orléans de destruction, et tout le royaume de si malheureuse tyrannie. »

Voilà les pensées qu'agitait cet assassin. Voilà l'usage qu'il fait de Dieu et de la piété; voilà ce qu'approuve toute la secte, par l'organe du plus vénéré et du plus illustre de ses docteurs.

Après Bèze, Coligny : autre renom de pureté. On verra au livre I de Bossuet sa conduite, et comme il approuva le crime, en évitant d'en encourir la honte devant l'opinion. Après la conjuration d'Amboise, crime d'État, après cet assassinat, action de brigand, tout devait être permis contre le parti huguenot; tout était bon, pourvu qu'on en purgeât le pays.

La justification de la Saint-Barthélemy ne tient rien du plaidoyer qu'inspirent les massacres de Septembre aux avocats de la Révolution. Quelque violence qu'il

(1) Même ouv., pass. cit.

y ait dans cet événement, il n'a cependant rien d'excentrique ni de miraculeux, rien qui, suspendant les règles ordinaires de l'histoire, ne laisse à celle-ci de choix qu'un silence effaré ou des propos de sibylle. Ordonné du roi comme il fut, il est naturel de chercher dans cet acte la défense de la monarchie ; obéi avec empressement par les foules, on ne peut méconnaître que cet acte était conforme à l'opinion ; résolu du côté de la cour après de longues hésitations, on est forcé de convenir que ceux qui l'ordonnèrent n'étaient pas étrangers aux sentiments de l'humanité ; adouci en je ne sais combien de cas sur tous les points du territoire par le secours que des catholiques portèrent aux Huguenots poursuivis, on a la preuve que ce sentiment ne manqua pas plus au peuple qu'au roi. Chez un historien véridique, la Saint-Barthélemy ne saurait donc compter ni pour un effet spontané de la sauvagerie des multitudes, ni pour un acte de froide cruauté du pouvoir, ni pour une pratique de cour honnie de la nation entière et en horreur au genre humain. J'ajoute qu'au fort des guerres civiles où cet événement prend place, entre deux des batailles sanglantes dont elles désolaient le royaume, la mort de tant de gens à la fois, dont le plus grand nombre portaient les armes, ne mérite pas de causer toute l'horreur dont on éblouit les ignorants.

La situation de la couronne avait de bonne heure

vu croître ses difficultés. Les Guises, dont la cause s'était identifiée un temps avec celle du roi et de la nation, se formèrent bientôt en parti. En se défendant contre les Protestants, il fallut que le roi leur tînt tête. On sait quelles ambitions le Balafré, devenu chef de la maison, déclara. Du temps du duc François déjà couraient les généalogies qui, faisant descendre ces princes de Charlemagne, les mettaient sur le chemin du trône. Dès le mariage du même duc, en 1549, on les voit affecter le nom et les armes de la maison d'Anjou, dont ils descendaient par Yolande, fille du roi René. Ce nom les introduisait dans la maison de France. C'est pour le leur ôter que Catherine en fit l'apanage de son fils Henri, depuis Henri III. On attribuait à François Ier la prévoyance de ces intrigues, témoin le quatrain suivant :

Le feu roi devina ce point,
Que ceux de la maison de Guise
Mettraient ses enfants en pourpoint
Et son pauvre peuple en chemise.

C'est en 1550 déjà que Ronsard, s'adressant au cardinal de Lorraine, disait :

Et ne veuille point apprendre
A te faire un nouveau Dieu.

En face d'ambitions déclarées, qui ne visaient à rien moins qu'à supplanter son fils, la reine mère eut à redouter que trop d'offensive contre les Protestants ne la rendît prisonnière des Guises. Ce fut la raison politique des avantages que les religionnaires reçurent d'elle à plusieurs reprises. L'édit de janvier 1562, la paix d'Amboise ensuite, puis celle de Lonjumeau, enfin celle de Saint-Germain en 1570, eurent pour effet de les fortifier sans mesure. Cette dernière accordait l'amnistie, le culte dans deux villes par province, l'accession à toutes les charges de l'État, le droit de récusation des juges, la restitution de tous les biens, enfin quatre places de sûreté : la Charité, Cognac, Montauban, la Rochelle.

Il paraît inutile de se plaindre de la politique qui conduisait à cela, s'il est sûr (comme on n'en peut douter) que les conjonctures n'en souffraient pas de meilleure. Catherine de Médicis ne pouvait espérer de prendre la tête des Catholiques. Le long crédit qu'y avait la famille rivale, l'en écartait absolument. Par l'effet du malheur des temps, les forces que la haine de l'ennemi public avait rassemblées de ce côté, risquaient de perdre le trône et la France. De telles oscillations des intérêts n'ont rien dont un historien s'étonne. Ce qui rend exceptionnelles celles-ci, c'est que la monarchie fut obligée de les suivre, sans pouvoir d'abord s'en rendre la maîtresse : tel était l'effet en ce temps-là d'une puissance excessive des partis. Il lui fallut un temps se faire parti elle-même, et sauver à ce prix l'avenir.

L'événement de la Saint-Barthélemy est le résultat de cette nécessité. La monarchie dans cette circonstance emprunte pour régner l'arme des partis. Mise au point, par l'effet de la paix de Saint-Germain, de tout redouter des Protestants, qui croyaient à peine à tant de fortune, Catherine n'avait de moyen de s'en affranchir, qu'un coup de force. Les armes ordinaires des princes ne suffisaient pas à ses besoins. Tout le scandale de la Saint-Barthélemy tient dans le caractère mêlé de cette situation. Car on ne saurait refuser au roi le droit de châtier des rebelles; la manière dont cela fut fait ici, fait toute l'énormité du cas. L'exécution en masse et sans distinction d'un si grand nombre d'hommes et de tout un parti accuse des temps de trouble et de révolution; mais il ne dépendait de personne de faire face à ces temps sans une action de ce genre. Ce que la politique y voit d'inconvénients n'avait d'auteur que les circonstances ; il n'avait de cause et d'auteur véritable, si l'on remonte aux origines, que la rébellion même des Protestants.

L'opinion n'y fut pas trompée. Malgré tout ce qui, à la cour, dans l'Église et dans tous les rangs de la nation, s'effrayait de tant de sang versé, cette répression fut approuvée. La France y vit un juste retour des choses, et le châtiment exemplaire d'une crime public sans précédent.

J'ajoute que le résultat qu'on recherchait fut atteint.

Le parti de la Religion ne s'en releva jamais. Ainsi ce que tout Français doit à la défaite de ce parti, tout le bienfait que chacun de nous en retire, tient à la Saint-Barthélemy. Ce bienfait est inestimable.

Pour mieux l'apprécier, un retour sur la nature du Protestantisme est nécessaire.

Quant à la matière théologique, elle est tout entière dans Bossuet. Je ne l'analyserai point ici ; mais j'en redirai quelques caractères extérieurs. L'ignorance courante en ces matières fait qu'on ne soupçonne pas seulement le ton amer des controverses qui mirent la Réforme dans le monde. Le vrai personnage de Luther n'est pas connu de ses sectateurs.

Il faut voir l'impudence inouïe avec laquelle discourait ce docteur, et quel air de révolution était porté par lui jusque dans ces exercices (1).

Un âne sait qu'il est âne, une pierre sait qu'elle est pierre, et ces ânes de papelins ne savent pas qu'ils sont des ânes...

Le pape ne peut pas me tenir pour un âne, il sait bien que par la bonté de Dieu et par sa grâce particulière je suis plus savant dans les Écritures que lui et tous ses ânes...

Si j'étais le maître de l'Empire, je ferais un paquet du pape et des cardinaux pour les jeter ensemble dans ce petit fossé de la mer de Toscane. Ce bain les guérirait, j'y engage ma parole et j'en donne Jésus-Christ pour caution...

Le pape est si plein de diables, qu'il en crache, qu'il en mouche, qu'il en...

(1) Chez Bossuet, *Histoire des Variations*, liv. Ier, chap. 33.

La suite des derniers mots ne se laisse pas transcrire. C'est ainsi que Luther parlait du pape et de l'Église.

On n'évite pas, en lisant cela, d'admirer la profondeur d'erreur de nos conservateurs français, dédaignant (comme ils disent) l'insulte de l'adversaire et croyant de bonne foi que la grossièreté des termes fait tort à celui qui l'emploie, condamne du moins les révolutionnaires à la réprobation publique. A des hommes qui se croient si sages, il ne faut que représenter ces faits : un tiers de l'Europe devenu protestant ; la religion nouvelle peu à peu se donnant un air respectable ; ses ministres, ses rites, ses consistoires, ses missions, lui composant une figure dans le monde ; le nom de ses fondateurs élevé en un degré de vénération extrême, les bulles de Luther gravées en bronze sur les portes de Wittemberg, sa statue dressée sur une place de Dresde, en face de l'église catholique de la Cour : tant et de si grands effets, auxquels ne manque pas même le pieux respect des foules unies dans la prière ; et à la base de tout cela, les sales, les dégoûtantes injures qu'on vient de lire. N'est-ce pas de quoi entretenir nos dédains, et nous assurer de la supériorité que donne en politique le ton d'homme bien élevé ?

Le pape, dit encore Luther, est un loup possédé du malin esprit. Il faut s'assembler de tous les villages et de tous les bourgs contre lui. Il ne faut attendre ni la sentence du juge, ni l'autorité

du Concile ; n'importe que les rois et les Césars fassent la guerre pour lui, celui qui fait la guerre sous un voleur, la fait à son dam (1).

Pour achever l'odieux du personnage, il faudrait joindre tous les passages où le plus plat et le plus grossier orgueil de sa personne et de ses talents déborde ; montrer les traits de cette arrogance qui le faisait se donner pour titre à lui-même et de sa propre investiture, celui d'ecclésiaste de Wittemberg, assurant que « très certainement Jésus-Christ le nommait ainsi et le tenait pour Ecclésiaste (2) ».

Tous les docteurs de la Réforme ont jeté quelques éclats de cette vanité bouffonne ; Calvin, second en importance, égale Luther à cet égard.

Toute la France, écrit ce réformateur, connaît ma foi irréprochable, mon intégrité, ma patience, ma vigilance, ma modération et mes travaux assidus pour le service de l'Église (3).

Ailleurs il vante « sa frugalité, ses continuels travaux, sa confiance dans les périls, sa vigilance à faire sa charge, son application infinie à étendre le règne de Jésus-Christ, son intégrité à défendre la doctrine de piété, et la sérieuse occupation de toute sa vie dans la méditation des choses célestes (4) ».

(1) Bossuet, ouv. cit., liv. Ier, chap. 25.
(2) Bossuet, liv. cit., chap. 27.
(3) Même ouv., liv. IX, chap. 78.
(4) Même pass.

Et là-dessus, l'ouvrage étant de polémique :

M'entends-tu, chien ? m'entends-tu bien, frénétique? m'entends-tu bien, grosse bête (1) ?

Enfin il ajoute qu'il est bien aise « que les injures dont on l'accable demeurent sans réponse ».

Au surplus je concède que ce ton d'injure ne tient pas uniquement aux passions de ces docteurs. Il était dans les mœurs du temps ; les théologiens se le permettaient. Mais enfin le commun de ceux-ci ne se donnait pas mission de réformer l'Eglise, et le moins qu'on pût attendre d'hommes qui représentaient le succès de leur parole comme un miracle de Dieu, aurait été qu'ils la respectassent.

Par le ton des prêcheurs, qu'on juge celui des fidèles. « Je les voyais sortir, dit Erasme, de leur prêche avec un air farouche et des regards menaçants, comme gens qui venaient d'ouïr des invectives sanglantes et des discours séditieux. » Bossuet ajoute : « Aussi voyait-on ce peuple évangélique toujours prêt à prendre les armes et aussi propre à combattre qu'à discuter (2). »

Comme il arrive, un grand désordre des mœurs accompagnait ces grands écarts. Ne cessons pas de redire que l'affectation du zèle, cause de ces grossières

(1) Même liv., chap. 82.
(2) Ouv. cit., liv. Ier, chap. 34.

invectives, n'est pas moins source de relâchement. Dans un si court espace je ne saurais faire le compte de ce qu'offre la Réforme en ce genre. Aussi bien, des traits particuliers en pareille matière servent peu. Ce qui est de conséquence, ce qu'il importe d'extraire, c'est la fameuse histoire de la bigamie de Philippe le Magnanime, landgrave de Hesse, grand protecteur de Luther.

Cette bigamie fut formellement approuvée de Luther et des autres docteurs du parti, non pas en paroles seulement, mais par un acte écrit et motivé, revêtu de leurs signatures, que le prince exigea, craignant (ainsi qu'il s'en explique) d'aller en enfer faute de ce point. En possession d'une femme légitime, il en désirait une seconde et prétendit que sa religion la lui permît en mariage. Émancipée du pape de Rome, l'Église de Wittemberg ne l'était pas des princes d'Allemagne. Il fallut en passer par où celui-là voulait.

Lorsque je m'expose, écrit-il à Bucer dans l'Instruction qui détermina les docteurs, lorsque je m'expose, dit le landgrave, à la guerre pour la cause de l'Évangile, je pense que j'irais au diable, si j'étais tué par quelque coup d'épée ou de mousquet. Je vois qu'avec la femme que j'ai, ni je ne puis, ni je ne veux changer de vie, *dont je prends Dieu à témoin* : de sorte que je ne trouve aucun moyen d'en sortir que par les remèdes que Dieu a permis à l'ancien peuple, c'est-à-dire la polygamie.

Je recommande la dernière réflexion, et cet effet imprévu de la lecture de l'Ancien Testament, recommandé par Luther, sur la réforme des mœurs.

C'est pourquoi, continue ce protestant fidèle, je demande à Luther, à Mélanchton et à Bucer même, qu'ils me donnent témoignage que je la puis embrasser.

A l'autorité des saints Livres, jugeant que d'autres moyens de persuasion ne seraient pas joints sans avantage, il ajoute :

Qu'ils m'accordent donc au nom de Dieu ce que je leur demande, afin que je puisse plus gaiment vivre et mourir pour la cause de l'Évangile et en entreprendre plus volontiers la défense, et *je ferai de mon côté* tout ce qu'ils m'ordonneront selon la raison, *soit qu'ils me demandent le bien des monastères* ou d'autres choses semblables (1).

L'honnêteté de tout cela n'est-elle pas admirable ! Notez que cela se passe au nom de l'Évangile, de réformateurs à réformés, et dans les rangs les plus illustres d'une secte qui brisait avec Rome dans le pur intérêt de la doctrine et des mœurs.

Luther consentit. Il accorda le papier, dont la forme n'est pas moins remarquable que le fond :

Nous avons appris de Bucer et lu dans l'Instruction que Votre Altesse lui a donnée, les peines d'esprit et les inquiétudes de conscience où Elle est présentement ; et quoiqu'il nous ait paru très difficile de répondre si tôt aux doutes qu'Elle propose, nous n'avons pas voulu laisser partir sans réponse le même Bucer, qui était pressé de retourner vers Votre Altesse.

La mise en demeure en effet ne souffrait pas plus de retard que d'excuse.

(1) Bossuet, ouv. cit., liv. VI, chap. 3 et 4.

Votre Altesse, continue ce document, n'ignore pas combien notre Église, pauvre, misérable, petite et abandonnée, a besoin de princes régents vertueux qui la protègent ; et nous ne doutons point que Dieu ne lui en laisse toujours quelques-uns, quoiqu'il menace de temps en temps de l'en priver, et qu'il la mette à l'épreuve par de différentes tentations.

La *tentation* de résister au landgrave et de lui interdire la bigamie était heureusement conjurée. Les docteurs déjouaient cette embûche du malin. La suite comporte pour commencer des considérations de grande dévotion, et toutes les réserves possibles de principe, puis des exhortations morales où l'on remarque que « la peine du déluge est attribuée aux adultères » ; enfin des plaintes contre le siècle, dépourvu de toute indulgence envers les ministres du saint Évangile : « C'est maintenant la coutume du siècle de rejeter sur les prédicateurs de l'Évangile toute la faute des actions où ils ont eu tant soit peu de part, lorsque l'on y trouve à redire. » Là-dessus et pour montrer combien une telle apparence est injuste, la pièce ajoute :

Mais enfin (ce *mais enfin* dit tout) si Votre Altesse est entièrement résolue d'épouser une seconde femme, nous jugeons qu'Elle doit le faire secrètement, c'est-à-dire qu'il n'y ait que la personne qu'Elle épousera et peu d'autres personnes fidèles qui le sachent, en les obligeant au secret *sous le sceau de la confession*. Il n'y a point ici à craindre de contradiction ni de scandale considérable, car il n'est point extraordinaire aux princes (*menacés tout à l'heure pour ce fait du déluge*) de nourrir des concubines, et, quand le menu peuple s'en scandalisera, les plus éclairés se douteront de la vérité ; et les personnes prudentes aimeront toujours mieux cette vie modérée que l'adultère et les autres actions brutales. L'on ne doit pas se soucier beaucoup de ce qui s'en dira (*admirable trait de Tartufe*), pouvu que la conscience aille bien (1).

Enfin, et terminant de si édifiants propos, la dispense et autorisation :

« Votre Altesse *a donc dans cet écrit*, non seulement l'*approbation de nous tous* en cas de nécessité, etc. » Signé : Martin Luther, Philippe Mélanchton, Martin Bucer, Antoine Corvin, Adam, Jean Leningue, Juste Vintferte, Denis Melanther.

Ce monument de honte, dont l'ombre seulement chez nous ferait le sujet de tous les brocards et de toutes les insultes des sectes, demeure, tombant sur la Réforme, providentiellement ignoré de tout le monde. Longtemps il resta secret dans les archives de la maison de Hesse. Enfin le prince Ernest, qui se fit catholique, le révéla à quelques personnes. L'électeur palatin Charles-Louis le publia en 1579, sous ce titre : *Considérations consciencieuses sur le mariage, avec un Eclaircissement des questions agitées jusqu'à présent touchant l'adultère, la séparation et la polygamie*. Après le document obtenu, le mariage fut célébré dans les formes.

Il y a quatre ans, l'Université de Marbourg, fondation de Philippe le Magnanime, fêtant un de ses anniversaires, mit au jour, sous forme de cartes pos-

(1) Ouv. cit., append. au liv. VI.

tales, un portrait populaire de ce prince, avec un huitain à sa louange. Il n'était que de pieux propos. La pièce commençait en ces termes :

Dem Worte Gottes schuf er Bahn.
Il a frayé la voie à la parole de Dieu.

Tel est un premier trait du culte qu'on rend à ce prince. Qui sera curieux d'un autre, cherche la vie du personnage au Dictionnaire de Moréri. L'article émane d'un protestant. Il y verra en fin de récit la remarquable excuse de sa grande intempérance. Jointe au huitain dévot, elle fait un bon exemple de la manière dont la Réforme compose l'apologie de ses fondateurs.

J'ai à peine besoin de dire que tout ceci ne tend pas à déconsidérer la vie que les protestants en général pratiquent autour de nous. Sans doute la religion qui l'inspire y est la source du bien moral en plus d'un genre. L'ordre qui s'établit enfin avec la paix dans les Églises, a puissamment servi ce résultat. Mais avant que fussent calmés les affreux éclats des débuts, et pansées tant de plaies qu'ils avaient faites, quels déchirements, quelles convulsions !

Il est fort bien d'arguer en faveur de la Réforme de la tranquillité et des mœurs qui règnent maintenant de ce côté, des idées conservatrices même dont, en Angleterre, en Hollande, en Suède et dans quelques cercles de l'Allemagne, nous les voyons s'accommoder. Mais cet état ne doit pas faire oublier celui où la secte jeta d'abord l'Europe.

En Allemagne, la révolte des Paysans, la guerre des Anabaptistes, Jean de Leyde et la prise de Munster, sont autant d'événements sanglants, dont le souvenir fait honte à la Réforme. Tout se termina par la guerre de Trente Ans, et par une ruine si profonde, que le pays ne devait pas s'en relever en deux siècles. En Angleterre, c'est le règne d'Henri VIII, celui d'Elisabeth, le supplice de Marie Stuart ; dans les Pays-Bas, c'est l'affreuse guerre des Gueux. Tout cela compose un livre d'horreur et de sang, où, soit bourreaux, soit victimes, les Protestants ne peuvent renier le rôle de cause.

Mais ce qui est plus frappant encore, ce sont les effets de la Réforme dans le siècle suivant. On nous objecte que le sort des sociétés ne saurait se modifier sans de grandes secousses, et sans beaucoup de sang versé. Mais comment expliquer que nous voyions ces secousses se reproduire au bout d'un siècle? Le venin de l'hérésie travaille les profondeurs des États dont elle s'est emparée. Dans ces pays, dont il est maître, les révolutions recommencent. En Angleterre, c'est celle de 1640 et le supplice de Charles Ier ; en Hollande, c'est la guerre civile entre Maurice de Nassau et Barnevelt, plus tard le massacre de Jean de Witt, son remplacement par le stathoudérat. Contester que ces troubles eussent la religion pour cause, ce serait mentir à l'histoire. L'élévation de Cromwell vient du Puritanisme, et le supplice de Barnevelt en 1519 est l'effet du fameux synode de Dordrecht.

Il n'y a peut-être pas de plus grande preuve du caractère profondément révolutionnaire de la Réforme. Bossuet l'a bien déduit dans son Oraison funèbre de la reine d'Angleterre. Malherbe le sentait dans la chair de la France, quand il écrivait ces vers d'airain :

> Par qui sont aujourd'hui tant de villes désertes,
> Tant de grands bâtiments en masures changés,
> Et de tant de débris les campagnes couvertes
> Que par ces enragés ?...
>
> Fais choir en sacrifice au démon de la France
> Les fronts trop élevés de ces âmes d'enfer,
> Et n'épargne contre eux, pour notre délivrance,
> Ni le feu ni le fer.

Quelques-uns là-dessus ont eu le front de taxer Malherbe de fanatisme. Il serait pourtant bien difficile de contester ce qu'il allègue.

Cet aperçu général sur le siècle nous permet maintenant d'aborder l'Édit de Nantes et sa révocation.

On se trompe au sujet de celle-ci, parce qu'on se méprend communément sur le sens de l'édit lui-même. Cet édit était inévitable de la part d'un roi comme Henri IV, qui avait été protestant. Il tenait à cette circonstance ; jamais on ne le regarda en France comme une constitution du royaume. C'était, aux yeux de tous, un état temporaire, qu'atteste assez l'octroi de faveurs exceptionnelles, comme celles des assemblées triennales, des Chambres mi-parties dans chaque Parlement, enfin des places de sûreté.

Louis XIV ne devait donc pas se croire obligé à garder ces mesures. Nous savons qu'il tenait d'autre part à rétablir l'unité de religion chez ses sujets. Dans ses *Éclaircissements sur les causes de la Révocation de l'Edit de Nantes*, paru en 1793, Rulhière cite de ce dessein un témoignage tiré du testament de ce monarque :

> Sur ces connaissances générales, dit le roi, j'ai cru que le meilleur moyen pour réduire peu à peu les Huguenots de mon royaume, était de ne les point presser du tout par aucune rigueur nouvelle contre eux, de faire observer ce qu'ils avaient obtenu sous les règnes précédents, mais aussi de ne leur accorder rien de plus (1).

Rulhière en conclut que la révocation de l'Edit se fit malgré l'intention de Louis XIV et contre sa volonté ; mais cette conclusion ne saurait être admise, car à mieux lire ce texte, on y trouve quelque chose de plus fort que le moyen prévu par le roi, c'est sa volonté arrêtée de prendre *le meilleur* moyen, partant d'y réussir à tout prix.

On imagine entre l'Édit de Nantes et sa révocation

(1) Ouv. cit., p. 101.

une période d'un siècle, durant laquelle il ne fut pas touché au régime des Protestants en France ; à cet état succède, selon cette supposition, la suppression violente de ce régime. Cela encore n'est pas exact. Au temps de Richelieu premièrement, mais depuis la majorité de Louis XIV surtout, plusieurs dispositions qu'on prit à leur égard avaient changé leur situation.

La première fut la loi des Relaps, en 1661, qui défendait sous les peines les plus sévères le retour d'un converti à la Religion. La seconde, en 1667, fut la loi contre l'Emigration, par où fut interdit aux sujets protestants du roi d'émigrer sans sa permission. Toutes ces précautions étaient prises en vue de l'obligation de rentrer dans l'Église, qu'on pensait imposer à la fin. On pressait de toute part les conversions. De grandes prédications avaient lieu dans ce but. Pour joindre quelque prestige de force à ce qu'on ne laissait pas de vouloir comme un effet de la persuasion, on faisait paraître dans les villages huguenots du Gévaudan et du Nîmois ces régiments de dragons dont le passage fait dans l'histoire ennemie tant de tapage sous le nom de *dragonnades*. On donnait aussi de l'argent, pensant que tant de moyens unis dispenseraient de contrainte matérielle. A la fin, les pasteurs furent chassés ; ce fut la dernière étape de cet effort ; la révocation de l'Édit de Nantes, en 1685, ne consiste précisément qu'en cela.

Un lecteur moderne se fera, je crois, un tableau assez exact de toute cette entreprise, en la comparant à celle que la République a menée en France contre le Concordat. Le Concordat pris pour l'équivalent à l'égard de l'Église catholique de ce que l'Édit de Nantes fut pour les Protestants ; l'avènement de la République représentant celui de Louis XIV ; les diverses lois de persécution de celle-ci imitant les mesures préparatoires à la révocation de l'Édit ; enfin la loi de Séparation équivalant à cette révocation : tels sont les points de cette comparaison. Je n'hésite pas à la présenter comme un moyen de comprendre et de justifier l'entreprise de Louis XIV.

Qu'on ne s'étonne pas de trouver ici cette assertion. Nos conservateurs croient faire merveille en reprochant au présent régime plusieurs ressemblances qu'ils trouvent entre lui et l'ancien. Tout au contraire, je tiens que ces ressemblances, quand elles existent, sont à l'éloge au moins de la pratique politique du Vieux Parti républicain. Et de fait ce parti n'a su garder le pouvoir, que parce qu'il eut soin d'observer quelques-unes des lois éternelles du gouvernement des hommes.

Il suffira d'entrer dans les raisons dont on se sert de nos jours pour justifier le pouvoir, et que les organes républicains répandent, pour comprendre celles de Louis XIV.

Il ne faut pas dire, il ne faut pas croire, que toutes

ces raisons sont mauvaises. L'indignité de la République, dans la guerre qu'elle fait à l'Église, ne consiste ni dans les violences, qu'elle prend un soin *extrême* d'éviter ou de réduire ; ni dans la volonté prise en soi qu'elle proclame de faire l'unité entre les citoyens ; ni dans la persuasion que la base de cette unité réside dans les sentiments et dans les croyances des hommes. Tout cela est raisonnable ; et ceux qui le contestent ne font que montrer par là un esprit d'anarchie plus extrême que celui des Républicains même. L'injustice de ceux-ci consiste dans trois points, qu'il importe de considérer :

1° Dans un temps où la tolérance est devenue une loi des circonstances, cette injustice consiste à méconnaître les faits qui l'imposent, qui l'imposeraient même à la monarchie catholique, qui partant l'imposent bien davantage à l'égard de ceux qui revendiquent les traditions de cette monarchie ;

2° A confondre dans les mêmes organes le pouvoir politique et le pouvoir spirituel qui leur sert d'allié, je veux dire la libre pensée maçonnique. L'enseignement de celle-ci est remis en apparence à des organes spéciaux ; mais ces organes sont rattachés en fait, par des liens d'étroite obéissance, à l'appareil de la puissance civile. L'instituteur, qui représente le principal de ces organes, est à la nomination du préfet. L instruction publique tout entière, synthèse de ce pouvoir spirituel, est un département d'État ;

3° A faire l'unité de la France au profit d'une secte : secte anarchique, nuisible à l'État Français.

Telles sont les causes qui, du point de vue de l'ordre public, condamnent l'offensive de la République. J'ajoute qu'elle n'est pas libre de se corriger là-dessus, son caractère de secte l'empêchant de s'en remettre aux pratiques qui suffisent à défendre un gouvernement national. La confusion des deux pouvoirs est l'essence de notre République, et la tolérance la tuerait.

Aucun de ces trois reproches ne tombe sur Louis XIV. En effet, l'unité qu'il recherchait était au profit de la France; et les pouvoirs religieux étaient indépendants.

Ils l'étaient à ce point que, dans la révocation de l'Édit, le sentiment des pouvoirs religieux se manifesta au contraire de celui du roi. On eût aimé, du côté du clergé, que l'entreprise continuât d'être confiée à la prédication ; cette préférence est naturelle aux pouvoirs spirituels. Une lettre souvent citée de Fénelon nous rend témoins des plaintes qu'on fit à ce sujet. Elle contient en même temps la preuve que ces plaintes étaient injustes. Fénelon remarque la manière imparfaite dont cette action spirituelle était conduite, il critique l'insuffisance des docteurs. Cependant on avait fait en ce genre tout ce qu'on pouvait. La conclusion à tirer de ce qu'il dit, c'est que les moyens d'assurer les résultats par la seule prédication manquaient. Aussi longtemps que l'art de réussir consistera dans l'emploi des moyens qu'on possède, non dans le regret de ceux qu'on n'a pas, la conduite que tint Louis XIV méritera d'être approuvée.

Le rétablissement de l'unité était un projet arrêté. Quand il eut donné à la persuasion ce qu'il était en mesure de donner, il termina par la contrainte.

Cette contrainte eut sans doute des effets dont la pitié peut s'émouvoir ; en soi, on ne saurait prétendre qu'elle ait choqué aucun droit essentiel. Les Protestants ne pouvaient s'en étonner. Tout le long du siècle écoulé, leur situation de secte tolérée par faveur, ne fut contestée par personne. Les grandes diminutions qu'ils subirent dans leur nombre par l'effet de conversions dont plusieurs sont illustres, n'avaient fait que mettre cette situation dans une plus grande évidence. On ne pouvait s'étonner que cette tolérance cessât. L'avantage de l'unité rétablie fut unanimement apprécié.

Le tapage des revendications postérieures nous fait imaginer une grande réprobation alors : mais l'histoire n'enregistre rien de pareil : toute la France fut avec le roi. Il en est de même du dommage de nos arts, dont nos manuels de classe rapportent mensongèrement que l'émigration des protestants fut cause.

A vrai dire, on s'étonne que des partisans si chauds de la cause internationale, qui devraient se féliciter que nos arts, portés à l'étranger, aient instruit le genre humain, se retrouvent nationalistes, quand il s'agit de critiquer Louis XIV. Quant à la France, jamais les arts n'y fleurirent plus précisément qu'à cette époque. Dans ceux qui touchent à l'industrie et dont on allègue le dommage, la fin du règne de Louis XIV et la Régence sont signalées par un éclat plus brillant que jamais. C'est en ce temps-là que, par le moyen du meuble et de l'équipage, le goût français gagna cet empire sur toute l'Europe dont le spectacle admirable emplit le dix-huitième siècle.

Le nombre des émigrés Huguenots n'a jamais été établi. Chacun le fixe à sa fantaisie. Mais on peut assurer que la perte qu'il représente ne composa jamais pour le pays ce malheur unique dont on nous parle. La France n'en ressentit nul dommage qu'on puisse prouver, dont on puisse même dire la nature. Tout le détriment vient du décri que les nations ennemies s'empressèrent de jeter sur la France à ce propos.

On en vit un effet pareil à celui du procès Dreyfus. Mais il n'y avait en ce temps-là personne pour épouser en France la cause de l'étranger, et l'honneur national était aux mains du roi.

CHAPITRE XII

LA RENENDICATION DES SECTES. — III. LES JANSÉNISTES.

La destinée de ces hérésies offre de grandes différences. Celle des Albigeois fut détruite ; la Réforme protestante eut pour effet de rompre l'unité de l'ancienne Chrétienté et d'ouvrir pour l'Europe une ère pleine de périls nouveaux ; le propre du Jansénisme fut de mettre la guerre civile au sein de la société française.

Ce résultat vient de ce que ces hérétiques repoussèrent la séparation, à laquelle leur obstination semblait les réduire. En enseignant ce que l'Église défend, ils affectèrent de demeurer dans l'Église. Pas un instant ils ne cessèrent de chercher dans les règles de l'obéissance même un abri pour leur rébellion. Ils ont donné le premier exemple d'une hérésie qui refuse le schisme, afin de ne se point affaiblir : premier essai d'une politique destinée à renaître de nos jours au profit de doctrines plus audacieuses encore.

Les effets d'un jeu si perfide furent de rendre quelques points de doctrine douteux parmi les catholiques, et de décrier un ordre religieux dont l'honneur n'importait pas moins à la catholicité qu'à la France.

Je voudrais appuyer sur ce point, et montrer quels soutiens de la cause nationale les Jésuites représentent aux yeux de tout Français en qui l'histoire n est pas victime du préjugé. Et d'abord, nul ne met en doute que la suppression de cette Compagnie a rendu les voies plus faciles au triomphe de la Révolution Qui peut dire quelles ressources morales elle eût fournies pour la combattre ? Les services rendus en leur temps contre la Réforme en sont le gage. La défaite de celle-ci est aux trois quarts l'ouvrage des compagnons de saint Ignace. Il les avait rassemblés dans ce but.. Il semble que personne plus qu'eux ne dût être armé pour aider à la résistance contre cette attaque nouvelle. D'autre part, comment oublier l'œuvre que les missionaires Jésuites avaient accomplie dans le monde au profit de notre pays ?

Cette œuvre est un des étonnements de l'histoire. A la fin du règne de Louis XIV, la Chine était devenue la conquête de ces Pères. L'ascendant qu'ils y avaient pris mérite de causer d'autant plus d'étonnement, que le progrès de nos missions modernes paraît plus borné dans ces contrées. Nous les tenons pour impénétrables ; les Jésuites y avaient pénétré. La conversion des peuples au christianisme avançait rapidement ; l'empereur, nommé Can-tchi, n'avait pour conseillers que des Jésuites français. Leurs architectes, célèbres dans toute l'Europe avaient bâti son palais d'Été ; leurs astronomes, l'observatoire de Pékin ; Louis XIV et cet empereur échangeaient par l'entremise de ces religieux des compliments et des cadeaux. L'influence française allait de pair avec le progrès de la religion. C'était le gage certain, pour l'avenir, d'une chrétienté d'Extrême-Orient et d'une sphère de domination française, dont le présent est loin de nous offrir l'image. On sait comment la querelle des cérémonies funèbres anéantit tout cet espoir. Par un effet des pratiques de leurs ennemis, les Jésuites furent chassés de Chine. L'Église et la France perdirent ensemble ces merveilleuses avances d'avenir.

Contre l'hérésie janséniste la cause de ces Pères ne fait qu'une avec celle de l'honneur français. Cette hérésie ne leur porte pas dans l'histoire un seul coup, que ne ressente la mémoire de notre plus grand roi.

Ce que Louis XIV encourt de reproches à cet égard est une matière des classes de rhétorique. Nos professeurs de littérature se sont passionnés pour Port-Royal. Cette mode, à laquelle on n'aperçoit de cause, outre le prestige des *Provinciales*, que le préjugé révolutionnaire, ami des révoltés en tout genre, est générale dans l'Université. M. Gazier, professeur en Sorbonne, en est de nos jours le représentant. Même la revendication janséniste a pris de nouvelles forces dans ces dernières années. Les ruines du Port-

Royal-des-Champs, soigneusement entretenues, enrichies d'un musée, ont vu tripler le nombre des visiteurs. On y a dressé des bustes et fêté des anniversaires ; on y organise la revanche du passé et la confusion de l'ancien régime ; on y mène des écoles en façon de pèlerinage. A l'heure qu'il est, ces ruines perdues dans la verdure, où des reliques choisies avec discrétion réveillent doucement le souvenir des solitaires, figurent assez bien ce que serait un monument d'Étienne Dolet à l'usage des sphères intellectuelles.

Sous une forme plus riante et moins grossière, des gens de lettres, des professeurs, de nouveaux bacheliers, viennent y participer aux mêmes dispositions hostiles à l'égard de l'autorité, aux mêmes rancunes contre notre histoire. Ce sont les sentiments qu'éveillent les souvenirs du Jansénisme, parfaitement conformes à ce qu'il fut.

Ses origines tiennent toutes en deux points : la complicité de Jansénius et de Saint-Cyran ligués sur le terrain de la théologie, en faveur de la doctrine ; le fanatisme des Arnauld à combattre sous ce couvert l'esprit de la monarchie Française.

La doctrine arrêtée du côté des docteurs venait des erreurs sur la grâce qu'on vit professer à Louvain, au temps le plus troublé de la Réforme, par le célèbre théologien Baïus, et qui furent condamnées en 1567 ;

l'esprit des Arnauld venait du rôle que joua, au milieu des guerres civiles de France, le parti dit des *politiques*. Il ne faut pas confondre ce parti avec celui qui doit s'appeler royal, et qui, liant son action à celle de la reine mère, n'eut jamais d'autre politique que le salut de la monarchie. Des deux côtés donc, du côté de Baïus comme du côté des Arnauld, se rendent évidentes les attaches du Jansénisme avec la Réforme protestante. Il en est proprement un legs.

On ne sait pas le temps précis auquel commencèrent les relations de Jansénius avec Saint-Cyran. Peut-être ce fut à Louvain, où ce dernier étudia. Elles continuèrent à Bayonne, patrie de Saint-Cyran, où il avait attiré son maître, et où tous deux vécurent quelque temps étroitement rapprochés et travaillant ensemble, entre 1613 et 1617. Une correspondance assidue s'ensuivit de leurs relations, entre 1622 et 1624.

On saisit dans cette correspondance des traits d'une extrême conséquence, et le vrai portrait du Jansénisme. Sainte-Beuve en a contesté l'importance, mais l'esprit de parti l'aveuglait. Le caractère de conjuration y éclate. Les Jésuites avaient bien compris le parti qui s'en pouvait tirer ; un des leurs, le P. Pinthereau, ayant découvert cette correspondance, la publia sous le nom de M. de Préville. On s'étonne en la lisant qu'elle n'ait pas pesé davantage dans le jugement qu'on fit depuis du Jansénisme. Mais c'est un fait que dans toute cette querelle la Compagnie se montra toujours ou malhabile, ou indifférente à se défendre elle-même. Elle opéra la destruction de la secte, sans parvenir à saisir l'opinion par quelques-uns de ces traits vigoureux qui fixent les esprits sans retour. Victorieuse de l'hérésie, elle ne retira point de gloire de cette victoire. Ceux qui l'ont accusée de chercher son intérêt, sont bien obligés de convenir qu'elle en laissa échapper les moyens. En possession de plusieurs armes décisives, on ne l'en voit frapper aucun coup capable de la dégager elle-même, en même temps que la cause qu'elle servait.

Jansénius et Saint-Cyran ne méditaient rien moins que la revanche du Baïanisme. Ils la méditaient formellement. Ils discutaient les moyens de l'assurer. Jansénius, qu'on priait de réfuter Dominis, archevêque de Spalatro, nouvellement condamné pour le livre *de Republica Christiana*, écrit qu'il « abhorre » de le faire. Le Synode protestant de Dordrecht, tenu à cette époque contre les Arminiens, il dit qu'il l'approuve « presque entièrement ».

Dans un mémoire du P. de Montézon inséré par Sainte-Beuve à la suite de son *Port-Royal*, ce Jésuite, en grand désaccord avec l'historien, cite les témoignages suivants de saint Vincent de Paul. On sait que ce saint connut fort Saint-Cyran, et en général les affaires et les gens du Jansénisme à ses débuts :

Une des raisons, dit-il, que j'ai de condamner les opinions nouvelles, c'est la connaissance que j'ai eue du dessein de l'auteur de ces opinions (Saint-Cyran) d'anéantir l'état présent de l'Église et de la remettre en son pouvoir. Il me dit un jour que le dessein de Dieu était de ruiner l'Église présente, et que ceux qui s'employaient pour la soutenir, faisaient contre son dessein.

Ces propos d'hérétiques sont curieux à noter. On y voit un remarquable exemple du zèle dévot dont s'arme cette sorte de gens contre l'objet authentique et reconnu de la dévotion des fidèles. Ce que voici ne paraîtra pas d'une application moins générale ; il est encore plus important :

... Et comme je lui eus dit, continue le saint, que c'était pour l'ordinaire les raisons que prenaient les hérésiarques comme Calvin, il me repartit que Calvin n'avait pas mal fait en tout ce qu'il avait entrepris, mais qu'il s'était mal défendu : *Bene sensit, male locutus est.*

En somme, et tous adoucissements ôtés, le plan n'était pas autre chose que de recommencer la Réforme, et de ne pas la manquer cette fois.

Les catholiques répondaient à cela qu'il y avait deux manières d'entendre la Réforme : celle de Luther et de Calvin, que l'Église ne donne pas licence de regretter ; celle qu'elle approuve et encourage, et que le Concile de Trente avait faite. Mais l'œuvre du Concile de Trente déplaisait à Saint-Cyran ; il refusait d'y voir le vrai esprit de salut. Trois siècles avant ceux qui de nos jours dénoncent une tactique des anciens partis dans la défense des intérêts de l'Église, il taxait de mélange adultère les revendications essentielles de celle-ci, et ce qu'il y eut jamais de plus conforme à sa discipline traditionnelle. Au P. Gibieu et à l'abbé de Prières, il répondait que le Concile de Trente fut « une assemblée politique ».

Quant aux moyens d'assurer le complot, assez de passages de la correspondance susdite nous font voir où on les cherchait.

Le couvent de..., dit cette correspondance, est autant passionné pour les menées de Sulpice (Jansénius) que les Carmes pour les religieuses. C'est ce qui me fait voir que telles gens sont étranges quand ils épousent quelque affaire ; et je juge par là que ce ne serait pas peu de chose si Pilmot (l'*Augustinus*) fût secondé par quelque compagnie semblable, car étant embarqués ils passent toutes les bornes *pro et contra*.

On cherchait un ordre religieux qui se chargeât d'épouser la cause, et qui la poussât dans le monde. A ces manœuvres il ne faut pas omettre de joindre l'intrépidité de tous les sectaires à pratiquer le mensonge ésotérique.

J'ai ouï dire à M. de Saint-Cyran, disait encore saint Vincent de Paul, que s'il avait dit dans une chambre des vérités à des personnes qui en seraient capables (1) et qu'il passât dans une autre où il s'en trouverait d'autres qui ne le seraient pas, il leur dirait tout le contraire.

Il s'adressa premièrement au cardinal de Bérulle, qui venait d'introduire l'Oratoire en France ; puis à saint Vincent de Paul, cherchant dans Saint-Lazare l'aide

(1) Capables de les comprendre.

que l'Oratoire lui refusait. Dans les deux cas il fut rebuté. L'embarras où ces refus le mirent, le fit se rabattre sur les Arnauld et sur la communauté de femmes dont leur influence disposait. Ce n'est pas qu'il dissimulât qu'un couvent de femmes le servirait bien moins ; mais il fallait s'en contenter.

Les relations de Saint-Cyran et de la mère Angélique datent de 1620, temps où le Port-Royal, dont elle était abbesse, s'étant transporté à Paris, les solitaires commencèrent, comme on sait, à occuper la maison des champs.

C'est dans ce même temps qu'une autre fille de la famille Arnauld, la mère Agnès, attirait l'attention publique par l'incident devenu fameux de l'institut du Saint-Sacrement. C'était une société de dévotion, que la fameuse duchesse de Longueville, fatiguée des intrigues et de la galanterie, avait imaginé de former. Cette origine inspirait peu de respect ; la dévotion cependant y faisait étalage, et les complicités de parti ne laissaient aux Arnauld de désir que d'y prendre part. A l'usage de la société nouvelle, la mère Agnès composa un *chapelet*, qu'on se passa parmi les dames. Les prières en étaient conçues en termes indiscrets et dangereux. Les Jésuites l'attaquèrent, et Rome le supprima.

Le parti, battu de ce côté, chercha d'un autre côté sa revanche. Les Jésuites soutenaient alors une querelle en Angleterre contre les prétentions de l'Ordinaire dans ce pays. Smith, le vicaire apostolique, leur y contestait plusieurs droits. Saint-Cyran prit cette occasion de publier le livre du *Petrus Aurelius* (1631), dans lequel il affectait de défendre la hiérarchie. Sainte-Beuve, malgré sa complaisance, relève discrètement ce qu'avait de ridicule une intervention de ce genre de la part d'un adversaire des ingérences romaines. Il voudrait voir, dit-il, en Angleterre un Saint-Cyran « plus gallican » (1).

Tels furent les premiers engagements qui mirent aux prises la secte et les Jésuites. Ils provoquaient de nombreux commentaires. Aucun livre n'avait encore paru où le parti découvrît sa doctrine. On ne pouvait le saisir nulle part; la condamnation d'une prière ne pouvait abattre ses partisans : rien n'empêchait ses directions de courir dans la société avec le masque de la vraie piété. Aux yeux de la foule frivole, l'ostentation en ce genre le soutenait. Mais le pouvoir politique veillait ; aucune proposition formelle n'était requise pour attirer l'attention de celui-là : il suffisait de l'agitation de fait.

Cette agitation vint à son comble, depuis que Saint-Cyran eut été choisi comme directeur spirituel du Port-Royal, en 1635. Alors son action sur les consciences commença de fomenter une façon de guerre civile. Les nouveautés que le renom de piété des

(1) *Histoire de Port-Royal*, t. I, p. 318.

religieuses contribuait à répandre, portaient partout cet air d'ascendant hautain et ce ferment de discorde habituels au prosélytisme sectaire.

Ce directeur avait imaginé de signaler sa grande rigueur en ne donnant l'absolution qu'après la pénitence sacramentelle accomplie. Cela fit merveille aux yeux de religieuses dont ce fait manifestait l'exceptionnelle vertu. Des gens qui ne rêvaient que l'honneur d'être saints, affectèrent aussi de louer cela. Cependant cette fantaisie blessait les usages reçus dans l'Église. Elle attestait chez Saint-Cyran des trésors d'arbitraire despotique et de cuistrale impertinence. Richelieu, ministre alors, mit un terme à ces fameuses pratiques. Saint-Cyran fut arrêté et conduit au Bois de Vincennes, en 1638. Les paroles prononcées par le ministre à cette occasion méritent d'être rapportées :

« *Si l'on avait*, dit-il, *enfermé Luther et Calvin, quand ils commencèrent à dogmatiser, on aurait épargné aux États bien des troubles.* »

Saint-Cyran sortit de prison en 1643. Pendant qu'il y était parut l'*Augustinus*, l'année 1641. C'était le grand ouvrage annoncé, le livre qui, contenant l'essence de la doctrine, était depuis longtemps promis comme une merveille. Jansénius en était l'auteur. Il en attendait de grands effets ; mais, par une décision dont on ne saurait trop admirer la prudence, il avait résolu que ce livre ne paraîtrait qu'après sa mort. Celle-ci, survenue en 1640, détermina cet événement. Le résultat ne se fit point attendre. L'*Augustinus*, déféré à Rome, fut condamné en 1642.

Qui voudra voir un comble d'outrecuidance risible chez les gens que choquait cette condamnation, devra lire, dans les Mémoires de Lancelot, l'effet qu'elle fit sur Saint-Cyran.

M. de Saint-Cyran, dit ce fidèle disciple, ayant peine à digérer ce procédé de la cour de Rome, qu'il savait fort bien distinguer de l'Église romaine, ne put retenir son zèle pour la vérité, et il dit par un certain mouvement intérieur qui ne semblait venir que de Dieu : ils en font trop, il faudra leur montrer leur devoir.

On remarquera, je pense, ce *mouvement intérieur*, parent de celui qui, selon Bèze, poussa Poltrot contre le duc de Guise. Il ne faut rien moins que des mouvements de cette sorte, « qui ne semblent venir que de Dieu », pour autoriser tantôt l'assassinat, tantôt la révolte contre l'Église.

Le P. de Montézon cite les paroles violentes échappées dans cette occasion à l'ange de douceur qui s'incarnait dans la mère Angélique. Cette prompte condamnation poussait la secte à bout. Dès ce moment, le Jansénisme découvert ne put plus que prolonger des intrigues. Il avait cessé d'être une conspiration.

J'en ferai voir trois caractères : le théologique, le politique et celui de politique religieuse.

J'ai dit, et l'on sait le reste, que le premier rattachait le Jansénisme à la fameuse question de la grâce ;

mais dans une étude comme celle-ci, un caractère surtout mérite l'attention, c'est celui de la réforme de l'Église On a vu qu'elle faisait le prétexte du parti ; mais le sens qu'il donnait à ce mot était suspect, et il fallait le dissimuler. Saint Vincent de Paul pourtant en eut la confidence : on l'avait cru longtemps capable d'être séduit ; aussi n'est-il rien de plus précieux que son témoignage à cet égard :

Je vous confesse, lui disait Saint-Cyran, que Dieu m'a donné et me donne de grandes lumières : il m'a fait connaître qu'il n'y a plus d'Église, et cela depuis cinq ou six cents ans Auparavant l'Église était comme un grand fleuve qui avait des eaux claires ; mais maintenant, ce qui nous semble l'Église, ce n'est plus que bourbe. Le lit de cette belle rivière est encore le même, mais ce ne sont plus les mêmes eaux.

Il disait encore :

Ce sont eux ce sont les premiers scolastiques, et saint Thomas lui-même, qui ont ravagé la vraie théologie.

Ainsi le messager de la réforme nouvelle se présentait en docteur inspiré, investi d'une mission divine, pour réparer six cents ans d'erreur. On ne peut douter de la véracité de saint Vincent de Paul, dans un rapport aussi précis, que personne aussi bien ne s'aviserait d'inventer. Ces témoignages du saint sont une des choses qui ont le plus embarrassé la secte. Ils la condamnent en termes formels :

Sachez, écrit saint Vincent de Paul, que cette nouvelle erreur du Jansénisme est une des plus dangereuses qui aient jamais troublé l'Eglise ; et je suis très particulièrement obligé de bénir Dieu et de le remercier de ce qu'il n'a pas permis que les premiers et les plus considérables d'entre ceux qui professent cette doctrine, *que j'ai connus et qui étaient mes amis*, aient pu me persuader de leurs sentiments.

Ne pouvant espérer de rendre suspect le caractère d'un tel homme, ces dévots zélés affectaient de ne voir dans ces jugements que l'effet des intrigues ennemies sur un esprit peu éclairé. C'est ainsi que la mère Angélique, dissimulant mal son aigreur, écrivait :

M. Vincent décrie Port-Royal plus doucement à la vérité que les Jésuites, mais par *un zèle sans science* il désire autant sa ruine que les autres par une malice toute franche (1).

Cette expression de *zèle sans science* ne fait-elle pitié ici s'adressant à un saint, et venant d'une personne sans théologie ?

Le caractère du docteur ne se déclare pas moins dans la manière dont il lisait l'Écriture. Il est visible qu'il n'y cherchait que des textes capables d'étonner le sens traditionnel, et d'en imposer aux simples par l'autorité d'un prétendu retour à la doctrine originale. « J'ai trouvé aujourd'hui un passage, dit-il, que je ne donnerais pas pour dix mille écus. » On n'imaginerait pas Bossuet ou saint Bernard parlant ainsi.

(1) Crétineau-Joly, *Histoire des Jésuites*, tome IV, p. 28.

Du reste, il s'entêtait si bien d'être inspiré, qu'il osait réprouver tout haut ceux qui ne craignent pas de parler sans une inspiration :

> Il n'y a rien de plus dangereux, dit-il, que de parler de Dieu par mémoire plutôt que par mouvement du cœur.

Le grand bon sens de Sainte-Beuve ne se tient pas de répondre : « Saint-Cyran ne pensait en disant cela qu'à une espèce de danger, et oubliait cet autre écueil non moindre, d'une inspiration trop aisément présumée (1). » L'auteur de *Port-Royal* parle avec ménagement. Rien ne doit nous empêcher de dire que cette prétention d'être inspiré dégénérait en comédie. En même temps que la plus ridicule, cette sorte d'ostentation est la plus odieuse.

« *Je regarde Dieu*, osait dire ce prophète dans des espèces de classes qu'il faisait, pour savoir ce qu'il est plus à propos que je vous dise. » Le P. Rapin caractérise l'impertinente folie de cette affectation, quand il écrit : « N'est-ce pas le moyen de suivre son pur caprice ? »

Le même degré d'orgueil se trouve chez les disciples, exprimé sous des formes plus ingénues encore. Cette ingénuité n'empêche pas un fond d'hypocrisie de percer. Je ne pense pas qu'en ce genre il y ait beaucoup de morceaux qui l'emportent sur celui-ci ; il est

(1) Ouv. cit., liv. II, chap 6.

de Lemaître à Singlin, tous deux notables jansénistes :

On n'a point ouï dire peut-être depuis un siècle qu'un homme, au lieu et en l'état où j'étais, dans la corruption du Palais, dans la fleur de mon âge, dans les avantages de la naissance et dans la vanité de l'éloquence, lorsque sa réputation était la plus établie, ses biens les plus grands, sa profession plus honorable, sa fortune plus avancée et ses espérances plus légitimes, ait laissé tout d'un coup tous ces biens, ait brisé toutes les chaînes, se soit rendu pauvre, au lieu qu'il travaillait à acquérir des richesses ; qu'il soit entré dans les austérités, au lieu qu'il était dans les délices ; qu'il ait embrassé la solitude, au lieu qu'il était assiégé de personnes et d'affaires ; qu'il se soit condamné à un labeur éternel, au lieu qu'*il parlait avec assez d'applaudissement.* Cependant, quoique ce *miracle* soit plus grand et plus rare que celui de rendre la vue aux aveugles et la parole aux muets, notre siècle est si peu spirituel que l'on a seulement considéré comme une chose extraordinaire ce qu'*on devait révérer comme une chose sainte.*

Telle est l'opinion modeste que ces gens avaient d'eux-mêmes et des exemples qu'ils offraient au monde. N'allez pas cependant les condamner : n'en rapportent-ils pas tout à Dieu ? Dieu et eux sont si bien joints là-dedans, qu'on ne saurait toucher l'un sans l'autre ; et il n'y a pas un seul coup adressé à M. Lemaître, qui ne passât pour sacrilège.

Dans une des deux célèbres lettres, chefs-d'œuvre de raillerie fine et d'éloquence, que Racine écrivit contre le Port-Royal, cet auteur avait relevé l'humilité pompeuse des confessions publiques du même Lemaître. « Et votre Monsieur Lemaître, disait-il,

Il avoue dans une lettre qu'*il a été dans le dérèglement*, et qu'il s'est retiré chez vous pour pleurer *ses crimes*. Comment donc avez-vous souffert qu'il ait fait tant de livres sur la matière de la grâce ? Ho, ho, direz-vous, il a fait auparavant une longue et sérieuse pénitence. Il a été deux ans entiers à bêcher le jardin, à faucher les prés, à laver les vaisselles. »

La réponse fut rude et même furieuse. Pour n'avoir pas relevé Tartufe à genoux, pour avoir pris le janséniste au mot sur des crimes dont il se flattait qu'on porterait l'aveu jusqu'aux nues, Racine fut traité d'indigne.

Vous accusez M. Lemaître, ripostait par la plume de Dubois le Port Royal, vous abusez indignement de son humilité qui lui a faire dire qu'il avait été dans le dérèglement, et vous ne prenez pas garde que ce qu'il appelle dérèglement, c'est ce que vous appelez souverain bien.

Quelle pitié ! et quelle honte de voir que des professeurs continuent d'enseigner aux enfants l'admiration de ces gens-là ! Et de qui donc parle le moraliste (1), quand il écrit que « l'humilité n'est souvent qu'une feinte soumission dont on se sert pour soumettre les autres » ?

J'ai annoncé dans le Jansénisme un côté de conspiration politique. C'est un point qu'on passe sous silence, et qui n'en est pas moins certain. Il étonnera moins, si l'on songe que Jansénius était en son particulier l'auteur d'un livre, *Mars Gallicus*, dans lequel les rois de France presque sans exception, depuis les

(1) Larochefoucauld.

origines jusqu'à Louis XIII, étaient l'objet de son invective.

Contemporaine des troubles de la Fronde, la querelle du Jansénisme y fut mêlée. Les personnages du premier rang de la Fronde n'étaient pas peut-être en tout ce qu'il eût fallu pour figurer entre de pieux solitaires et de saintes filles, dans l'arène des guerres civiles; mais l'esprit de parti les unissait, et l'on vit se sceller sans difficulté ce que Crétineau-Joly appelle, avec une savoureuse précision, « l'alliance entre le vice ambitieux et la vertu turbulente ».

Mme de Longueville, le cardinal de Retz, devinrent l'objet des prédilections du Port-Royal. On les aida d'argent et d'influence. Au coadjuteur en exil on envoyait de quoi subsister, et ce n'est pas un des traits les moins plaisants de l'histoire, que de voir Retz soutenir une existence pleine de galanteries avec l'argent fourni par la mère Angélique.

Plus tard, les papiers saisis chez le P. Quesnel découvrirent un complot contre le roi. Une pratique des plus audacieuses de la secte était la prétention d'être comptée comme une puissance, et de se faire comprendre dans la trêve de vingt ans que le comte d'Avaux, depuis 1684, était chargé par Louis XIV de négocier en Hollande. On découvrit alors la preuve du fait. Le P. Quesnel fut arrêté en 1703. Ce fut à l'égard du parti le commencement des dernières rigueurs.

Ces pratiques politiques étaient la conséquence des mesures qu'au sein d'une société rigoureusement réglée au spirituel, toutes les hérésies ont dû prendre pour s'établir. Elles sont liées au plan que les Jansénistes suivaient à l'égard des sociétés disposant d'une influence dans l'Église.

Au témoignage de saint Vincent de Paul, écrivant à l'abbé d'Orgnes, et cité par Collet son biographe (1), Saint-Cyran avait avoué à M. de Pravigny, secrétaire d'État que les Jansénistes « ne s'étaient proposé que de décréditer les Jésuites sur le dogme et sur l'administration des sacrements, et que dans l'affaire présente il ne s'agit ni de Molina, ni de la science moyenne ».

C'est ici que la part des Arnauld dans cette histore se fait sentir.

Ils étaient fils du vieil Arnauld, autrefois signalé par son *Plaidoyer pour l'Université contre les Jésuites*. Ce plaidoyer remontait aux anciennes querelles qui agitèrent le règne de Henri IV, et qui finirent par le bannissement de la Compagnie, après le régicide de Jean Chatel. On avait accusé les Jésuites de ce crime, à cause d'une justification théologique du tyrannicide, que leur P. Mariana avait écrite. Cette absurdité était allée si loin, les ennemis des Jésuites avaient été si puissants, qu'un monument de pierre, où le fait se trouvait inscrit, avait été érigé dans la cour du

(1) Crétineau Joly, *Histoire des Jésuites*, tome IV, p. 21.

Palais. Ce monument fut ôté bientôt, et les Jésuites rappelés par le roi Les auteurs du méfait avaient poussé de grands cris, entre lesquels prit place un autre écrit du vieil Arnauld, un Mémoire présenté au roi en 1602, pour empêcher le retour de ces Pères.

Tels étaient l'origine des Arnauld et les exemples qu'ils tenaient de famille. Les attaques contre la Compagnie devaient nécessairement concentrer à la fin tout l'effort des Jansénistes. Le pouvoir politique fortement constitué, l'Église bientôt mise en défense décourageaient leurs espérances. Ni l'offensive sur le dogme, ni les pratiques des guerres civiles ne pouvaient les retenir longtemps. Les haines héritées de la Réforme et des tiers partis qu'elle inspira, les intérêts de l'hérésie nouvelle que les Jésuites eurent l'honneur de dénoncer les premiers, se liguaient contre cette compagnie. Ainsi le dessein que la secte fut obligée de suivre, et où il lui fallut se renfermer enfin, était conforme à son principe. Par là s'explique l'ardeur qu'ils mirent à le poursuivre, et la constance avec laquelle ils en ont poussé les effets.

J'ai dit que l'*Augustinus* fut condamné en 1642. Un pape d'une haute intelligence, ami particulier de la France, Urbain VIII, fut l'instrument de cette condamnation. Moins d'un an après, en 1643, mourut Saint-Cyran, emportant au tombeau le regret deux fois amer de ses desseins avortés et de ses rancunes inassouvies.

Alors vivait à la cour une princesse de la maison de Rohan, que ses parentés protestantes pouvaient désigner à la secte comme une adepte à conquérir ; c'était Mme de Guéméné. Elle inclinait à prendre un janséniste pour son directeur de conscience ; le P. de Sesmaisons (1), Jésuite, l'en détourna par une lettre qui fut rendue publique. Ce fut le signal de la guerre.

Le grand Arnauld entra en scène, et publia *la Fréquente Communion*. C'était, comme on sait, une condamnation de la fréquente communion, que les Jésuites recommandaient. Le livre parut avec l'approbation de quinze prélats. Tout le parti en fit un bruit énorme, et, remis en posture par ce détour habile, n'eut plus à la bouche que la morale dangereuse de ceux qui avaient fait condamner Jansénius.

Cependant *la Fréquente Communion* enseignait une pratique différente de celle que recommande l'Église. Seulement on pouvait trouver là-dessus tant d'équivoques, que la condamnation était comme impossible. Les adhésions d'évêques faisaient merveille ; jointes à l'ostentation de dévotion du livre, elles intimidaient la critique et recueillaient l'approbation des simples. Comment tant de paroles pieuses eussent-elles couvert l'enfer? Il faut savoir au moins de quelle manière quelques approbations d'évêques avaient été obtenues.

(1) Grand oncle du général de Sesmaisons et du R. P. de Sesmaisons, Jésuite, actuellement vivant.

J'ai répondu à la reine (Anne d'Autriche), écrivait saint Vincent de Paul, qu'il était vrai que Mgr de N. avait signé les livres de Jansénius et de *la Fréquente Communion*, mais c'était sans les lire, n'en ayant pas eu le loisir... A quoi Sa Majesté a répliqué en demandant si l'on pouvait signer les livres sans les voir. Je lui ai dit que feu Mgr de N. avait signé le livre de *la Fréquente Communion* sans l'avoir lu (1).

Pendant dix ans, depuis 1643, que parut le livre du grand Arnauld, la diffamation des Jésuites se poursuivit. Sous le couvert de cette diversion, le Jansénisme faisait des adeptes. A la déclaration publique, qu'ils n'osaient faire, suppléaient mille dissidences avouées, qui, pour se rendre insaisissables à des condamnations formelles, n'en avaient pas moins pour effet de créer en détail l'hérésie dans les âmes. Le moment parut venu de frapper un nouveau coup. De nouveau on frappa à la tête. Cinq propositions furent extraites de l'ouvrage de Jansénius, et firent l'objet d'une condamnation. Ce furent les bulles d'Innocent X, parues en 1653.

Nous sommes à l'époque classique et littéraire du Jansénisme, à celle dont on fait l'histoire devant les écoliers.

Le parti s'empressa de déclarer que les bulles ne le touchaient point, qu'avec le pape, avec tous les fidèles, ceux qu'on voulait flétrir du nom de Jansénistes condamnaient les cinq propositions ; que tout le fait de ces Jansénistes n'était que de combattre

(1) Crétineau-Joly, ouv. cit., tome IV, p. 25.

la morale relâchée des Jésuites et de déconseiller la fréquente communion. C'était au mieux ; mais un parti ne peut tenir, s'il abandonne son chef et son nom. Aussi, renonçant une forme de sa doctrine, qu'il s'assurait assez de rattraper sous une autre, n'eut-il garde de souffrir que Jansénius fût atteint. Ils condamnaient, disaient-ils, les cinq propositions, mais elles n'étaient pas dans Jansénius.

Et en effet elles n'y étaient pas. Elles n'y étaient pas dans les termes : aucun passage de cet auteur pris à part n'en offre l'équivalent. Si le contraire eût été, si les propositions avaient été formellement extraites, on n'eût pas manqué d'alléguer que leur sens dans l'original était autre que celui qu'elles prenaient isolées : on eût crié aux textes tronqués. Sous une forme précisément contraire, on eût élevé la même querelle.

L'autorité fait ce qu'elle veut à cet égard. Pourtant, s'il faut choisir, avouons que rien ne paraît si équitable que le procédé qu'on suivit en cette occasion : le contenu d'un livre étant ordinairement mieux présenté dans un résumé fait exprès, que dans quelques phrases textuellement rapportées. Il est vrai qu'on se prive ainsi de la force qu'apportent les confrontations de textes ; mais cela est de nulle importance, quand l'autorité qui condamne dispose aussi du droit d'interpréter.

C'est justement le droit de l'Église, qu'elle n'a jamais admis qu'on contestât. Condamnant les cinq propositions, elle les condamnait *dans Jansénius* ; tout l'effort du sophisme se heurtait à cela.

Les Jansénistes disaient qu'ils n'étaient point touchés. Nous avons vu de nos jours renouveler cette attitude à propos d'autres condamnations. En même temps nous avons eu le spectacle de l'agitation qui s'y joint. Celle-là fut extraordinaire ; toute la France en ressentit l'effet. Le grand Arnauld crut devoir prendre l'offensive ; il voulut voir jusqu'où pourraient aller ceux qui, reniant les cinq propositions, continuaient d'avouer Jansénius. La *Lettre au Duc et Pair* fut écrite en 1656, dans ce but. La Sorbonne s'empressa de condamner cette lettre. Venant après les bulles du pape contre le docteur, cette condamnation d'un essai de revanche, essuyée dans Paris par les sectateurs mêmes, était un coup aussi cuisant que funeste. On voyait perdre tout ce qu'avait gagné le succès de la *Fréquente Communion*. La cause, ruinée depuis longtemps en principe, allait succomber devant l'opinion. C'est à regagner ce point que servirent les *Provinciales*. Elles parurent en feuilles cette année et la suivante.

Quelque empire que prennent naturellement sur les hommes les traits d'une satire audacieuse et l'ostentation de la vertu, quelque charme qu'ajoutent à ces avantages un dialogue finement observé, une mise en scène naturelle et plaisante, une dialectique subtile et passionnée, une expression brillante, un tour rapide où les liaisons s'accusent par le sens des noms et des verbes et tiennent lieu de l'exposition logique, un art de composer qui tient du prodige par les gradations savantes, les repos agréables, les traits soudains, la juste mesure, le lien d'unité parfaite, une éloquence enfin dans le ton élevé et grave; quelque débit, dis-je, que de si grands mérites aient valu au livre de Pascal, monument reconnu de notre langue, cependant il faut avouer que le fond n'en aurait jamais subsisté, sans la complicité des doctrines d'anarchie, liguées, depuis l'apparition du livre, contre toute espèce d'autorité.

Les étudiants de ma génération ont entendu M. Larroumet convenir en Sorbonne du caractère odieux de plusieurs doctrines de Pascal sur la direction des consciences. C'est l'impression de tout homme simplement raisonnable à la lecture des *Provinciales*. La sienne est inhumaine et folle. Sur les conditions du péché, sur la réconciliation, sur les dispenses, les théories de Pascal sont l'effet d'une gageure, qui jette sur le livre entier le discrédit du charlatanisme, de l'hypocrisie et du mensonge.

Nous voulons, dit le Jésuite, que Dieu donne des grâces actuelles à tous les hommes à chaque tentation, parce que nous soutenons que, si l'on n'avait pas à chaque tentation la grâce actuelle pour n'y point pécher, quelque péché que l'on commît, il ne pourrait jamais être imputé.

Pascal peint cela sous les traits les plus noirs. Mais de ses lecteurs d'aujourd'hui, qui ne se moquera de son indignation ? Car les théologiens ne trouvent là-dedans rien à reprendre; et quant à ceux qui, n'étant pas théologiens, seraient sujets à se laisser séduire, il est sûr qu'ils ne risquent pas d'être séduits par l'opinion de Pascal.

Étonné, reprend l'auteur des lettres, *d'un tel discours,* selon lequel tous les péchés de surprise et ceux qu'on commet dans un entier oubli de Dieu, ne pourraient être imputés...

Laissons les distinctions ; à prendre l'ensemble des choses, précisément tel qu'on nous le propose, ce Montalte qui s'étonne n'est-il pas *étonnant* ? Ce qu'il veut nous faire croire est qu'on pèche sans le savoir ; nier cela lui semble exorbitant.

Ailleurs il s'agit d'opinions que le chrétien est en droit d'avoir, qui lui sont permises selon l'Église. Le confesseur qui le juge en a d'autres, permises aussi, et qui lui sont particulières, comme au pénitent les premières. Survient un cas où le confesseur réprouve, en vertu de l'opinion qu'il a, la conduite du pénitent. En dépit de cette réprobation, il faut bien que le confesseur s'abstienne de condamner le pénitent.

Quand le pénitent, dit le R. Bauny, suit une opinion probable, le confesseur le doit absoudre, quoique son opinion soit contraire à celle du pénitent. Refuser l'absolution à un pénitent qui agit selon une opinion probable (c'est-à-dire permise) est un péché qui de sa nature est mortel.

Quoi de plus juste ? Le confesseur ne juge qu'au nom de l'Église, il n'a droit dans son ministère de condamner que ce qu'elle condamne. Cependant Montalte s'écrie : « Voilà qui est bien prudemment ordonné ! Je croyais que vous ne saviez qu'ôter les péchés, je ne savais pas que vous en sussiez introduire. » Quand on a conçu le fond de la querelle, cette ironie fait pitié, et l'on trouve le Jésuite fort sage, qui répond : « Vous ne parlez pas proprement ; nous n'introduisons pas les péchés, nous ne faisons que les remarquer. »

Autre critique, à propos de rechutes :

Il y a des auteurs, dit encore le P. Bauny, qui disent qu'on doit refuser l'absolution à ceux qui retombent souvent dans les mêmes péchés, et principalement lorsqu'après les avoir plusieurs fois absous, il n'en paraît aucun amendement. Mais la seule véritable opinion est qu'il ne faut point leur refuser l'absolution.

Nouvel étonnement du compère, qui demande finement « si cette assurance d'avoir toujours l'absolution » ne portera pas les pécheurs à pécher. L'inconvénient ne peut pas être contesté, je l'avoue. Cependant, Montalte, quel remède ? Votre question s'étend plus loin que la rechute, elle s'étend à tout usage du sacrement. Le pardon promis encourage à pécher : ne le promettrez-vous à personne ? Montalte dit : « Que ces maximes-là attireront de gens à vos confessionnaux ! — Vous ne sauriez croire combien il en vient, dit le Jésuite ; nous sommes accablés sous la foule de nos pénitents : *pœnitentium numero obruimur.* »

L'ironie est plaisante, mais que fait-elle à la chose ? De pareils traits déconsidèrent plus qu'un livre ; et, si le déshonneur ne va pas jusqu'à l'auteur, il s'étend au moins jusqu'à la thèse. Ce qui paraît la soutenir n'est pas plus solide.

Celui qui ne peut dormir sans souper est-il obliger de jeûner ? Nullement. N'êtes-vous pas content ? — Non, pas tout à fait, lui dis-je, car je peux bien supporter le jeûne en faisant collation le matin et en soupant le soir. — Voyez donc la suite, me dit-il... Personne n'est obligé à changer l'ordre de ses repas.

Voilà un des forts de l'auteur. Or, réservant le point de savoir si cette casuistique n'est pas en soi une chose parfaitement nécessaire, je conviens que sa petitesse a quelque chose de ridicule. Mais petitesse, ridicule, défaut de vue, n'est pas crime. Le relâchement n'est ici que dans l'imagination de l'auteur. Avoir des raisons valables de ne pas changer ses repas et ne pas pouvoir jeûner le soir, qui doute que cela ne compose une dispense légitime ? Peut-être on répondra qu'il convenait de laisser à la pratique le soin de la déduire. Après tout, c'est un fait que le casuiste n'a pas écrit son livre à l'usage des lecteurs comme nous, mais à l'usage des directeurs de conscience.

En quelles occasions un religieux peut-il quitter son habit sans encourir l'excommunication ? S'il le quitte pour une cause honteuse, comme pour aller filouter, le devant bientôt reprendre.

Le sens évident, que développe la suite, est celui-ci.

Le péché étant de dérober, aucun péché de surcroît ne s'y ajoute, pour le religieux, du fait de son habit quitté. On peut trouver qu'en cas pareil, la question est sans importance. On peut prétendre qu'il faut être peu sensible à l'horreur du larcin lui-même, pour agiter à ce propos si peu de chose qu'un changement d'habit. Cette disproportion peut faire rire, elle peut expliquer une moquerie ; une invective est de trop. Ce qui est de trop encore, est de donner à croire que le larcin et l'habit ôté, présentés ensemble par le casuiste, bénéficient de son indulgence. « J'avais peine à croire cela, » dit le prête-nom de Pascal. Peine à croire quoi ? Et qu'est-ce que signifie cette mise en scène, sinon un dessein formé d'abuser de la confiance ou de la distraction du lecteur.

Un autre abus est le tour que donne Pascal à de simples fautes de goût chez les casuistes. Ce mauvais goût s'échappe en traits ridicules, qui sont cependant fort innocents. Tel celui-ci du P. Cellot, dans son titre de la *Hiérarchie* :

La pluralité des messes, dit le Jésuite, apporte tant de gloire à Dieu et tant d'utilité aux âmes, que j'oserais dire avec notre P. Cellot dans son titre de la *Hiérarchie*, qu'il n'y aurait pas trop de prêtres « quand non seulement tous les hommes et les femmes, si cela se pouvait, mais que les corps insensibles et les bêtes brutes même, *bruta animalia*, seraient changés en prêtres pour célébrer la messe ».

Rien n'est si absurde que cette invention, je l'avoue,

principalement quand on regarde le contentement de l'auteur qui l'a trouvée ; mais elle n'excite rien qui ressemble à l'indignation, et l'odieux qu'on essaye de jeter sur ce morceau est parfaitement immérité.

Il faut en dire autant de toutes ces coquetteries de dévotion, de toutes ces mignardises niaises, que Pascal cite en foule au chapitre de la dévotion aisée :

> Cœur pour cœur, ce serait bien ce qu'il faut (en échange de nous à la sainte Vierge) ; mais le vôtre est un peu trop attaché, et tient un peu trop aux créatures. Ce qui fait que je n'ose vous inviter à offrir aujourd'hui ce petit esclave que vous appelez votre cœur.

Ainsi parle le P. Barry. Cela nous fait voir dans le P. Barry un précieux peu agréable, fâcheux échantillon d'un style mis à la mode par une certaine imitation de saint François de Sales ; mais cela ne saurait montrer dans le P. Barry un monstre acharné à la ruine de la morale.

C'est pourtant de ces trois éléments qu'est composée toute cette fameuse attaque. Tantôt l'auteur a tort, tantôt il n'a raison que contre la pédanterie du casuiste, tantôt il ne fait que triompher d'un mauvais goût de l'écrivain. Le reste ne consiste qu'en quelques erreurs fort rares, renfermées dans quelques personnes et qui ne sauraient avoir de conséquence. Elles n'en sauraient avoir, pour deux raisons : l'une c'est que tous les casuistes que Pascal cite ne sont pas Jésuites; de sorte que leurs travers ne sauraient passer que pour ceux de la casuistique elle-même, non de la Compagnie de Jésus ; la seconde est que plusieurs suppositions, qui fournissent dans ce livre le commentaire au reste, sont l'invention de Pascal.

Il invente et l'engagement qu'il dit que prend la Compagnie entière au livre qu'un de ses membres publie, et le fameux partage des directeurs sévères et des directeurs larges, mis en avant selon les cas, afin de ne rebuter personne. Le premier repose tout entier sur les autorisations d'imprimer, requises, pour chaque ouvrage écrit par un Jésuite, des autorités de la Compagnie. Cela marque une solidarité, mais non pas plus étroite que celle qui lie entre eux, par une pratique pareille, les membres de tous les autres ordres. Cette solidarité ne laisse pas d'être en quelques cas assez lâche. En feignant qu'elle engage dans ce que chacun écrit, les Jésuites plus que les autres, Pascal ne suivait que sa fantaisie. Le second point n'a pas de fondement du tout, et tout ce qu'il en tire repose en l'air.

On sait quel fut l'effet considérable des *Provinciales* sur l'opinion. Elles rendirent au parti battu quelques-uns des avantages de la victoire. Tout accablé qu'il était en principe, elles lui donnaient un aspect redoutable. Le faux ascendant que lui prêtaient ces Lettres prenait corps dans l'imagination. Tous les tenants du Port-Royal passèrent pour gens considérables. Même à Rome on les ménagea. On ferma les yeux sur le désordre qui, en même temps qu'ils souscrivaient la condamnation de l'hérésie, leur faisait nier qu'ils l'eussent jamais professée. On fit signer à tous les adhérents un formulaire qui réprouvait les cinq propositions. C'était exiger le point de *droit*, réservant, comme on disait, le point de *fait*. Cet arrangement s'appela la paix de Clément IX.

Elle cessa quand, sur la fin du siècle, fut rédigé le fameux *Cas de conscience des Quarante Docteurs*, et que parurent les *Réflexions morales sur le Nouveau Testament* du P. Quesnel. Ces ouvrages remirent tout en question. En même temps, le caractère politique de l'agitation se découvrait avec éclat. Louis XIV était résolu à ne plus rien souffrir de ce côté. De 1709 à 1710, il dispersa le Port-Royal de Paris et rasa le Port-Royal des Champs. La fameuse bulle *Unigenitus* fut lancée en 1713. Ce fut la fin de l'existence visible et officielle du Jansénisme.

Il continua de s'agiter sous le masque. Plusieurs erreurs, qu'il avait semées, se perpétuèrent parmi les fidèles et dans le clergé jusqu'à la Révolution. A de très rares exceptions près, il n'existe plus maintenant en France que chez des libres penseurs, et à l'état de sympathie historique.

Nos maîtres de rhétorique composent un grand chapitre de l'influence du Port-Royal sur la littérature française. Il est de fait que Racine y fut élevé, et que

Pascal en prit la défense. Mais ni l'un ni l'autre ne figure dans l'histoire comme partie de leur société. Pascal différait d'eux par beaucoup de ses idées ; et Racine écrivit contre eux, sous forme de lettres, les plus piquantes satires qu'ils aient essuyées. Ni l'un ni l'autre ne tient d'eux pour le style. Ceci avoué, il faut reconnaître que l'influence de Port-Royal se réduit à rien ou à peu de chose.

Ni le grand Arnauld, ni Lemaître, ni Singlin, ni Lancelot, ni Lenain de Tillemont, encore moins Dubois, ni Barbier d'Aucour, n'ont laissé d'ouvrage en renom, ni servi de modèles à personne.

Le nom de cette école est médiocrité. Seul Nicole fut lu et prisé. Il n'en est pas tout à fait indigne. Il y a de la sagesse dans ses *Essais de Morale*, et quelques pages heureuses dans sa *Logique*. Hors de là leur renom d'hellénistes est ce qui leur mérite encore le plus d'éloge. Rien après tout n'a eu tant de lecteurs que leur *Jardin des Racines grecques* ; on a tort de le négliger maintenant ; j'incline à le regarder comme leur plus bel ouvrage.

Quant au tour de sévérité qu'on assure qu'ils donnèrent à la morale du temps, et qu'on prétend relever jusque chez Bourdaloue, ce tour n'est rien que l'attitude nécessaire de tous les moralistes et de tous les prédicateurs. On ne propose pas de réforme aux foules, qui ne soit sévère ; les mesures et les adoucissements ne viennent que dans le particulier. Ainsi

Mme Cornuel disait de Bourdaloue : « Le P. Bourdaloue surfait dans la chaire, mais dans le confessionnal il donne à bon compte. » Sainte-Beuve dit à propos de cela : « Ce sont là des mots spirituels qui ne prouvent rien. » Il me semble, au contraire, qu'ils expriment la vérité et la nécessité des choses. En croyant saisir l'œuvre du Jansénisme par là, j'ai peur qu'on ne saisisse encore qu'une ombre.

Au demeurant, dans les lettres comme ailleurs, le plus important du Jansénisme vient des *Provinciales* et y retourne. Le mal que ce livre fit aux Jésuites est une chose qui dure encore, comme celui que Tartufe fit à l'Église. Aussi bien l'attaque des *Provinciales* ne pouvait-elle éviter de nuire à la cause de la religion elle-même. Entre les mains de ses ennemis, ce livre fait un pendant de Tartufe, quoique d'un effet moins populaire.

Les Jésuites y ont répondu avec beaucoup de pertinence. Le P. Nouet fit paraître dans le temps des ripostes ; mais c'est surtout le livre du P. Daniel qu'il faut recommander à cet égard. Ses *Entretiens de Cléandre et d'Eudoxe* sont le meilleur guide qu'on puisse trouver pour une reconnaissance exacte, tantôt du fond de chaque question, tantôt de la polémique elle-même, brouillés par l'esprit de parti.

CHAPITRE XIII.

LA CRITIQUE DES ANCIENS IMPOTS.

Les préjugés dont il reste à parler sont dirigés principalement contre les derniers siècles de la monarchie. Ce sont ceux dont le faisceau sert plus ordinairement à justifier la Révolution.

Rien ne fait mieux sentir la place qu'ils tiennent, que de les voir fournir la partie principale du livre sur l'*Ancien Régime* de Taine. Ce probe esprit, ce lucide historien leur donnait asile comme tout le monde. Il ne fallut rien moins que le spectacle de la Révolution en exercice, pour le faire douter des reproches écrits chez lui sous la dictée de la Révolution en promesse.

Quant aux critiques qu'on fait de l'impôt, on doit en parler autrement que de toutes celles qu'on a vues jusqu'ici. La supériorité de la fiscalité moderne sur l'ancienne est certaine. On en verra la preuve.

Dans cette question cependant veulent être distingués des considérants importants, que le commun des économistes omet. L'omission de ces considérants leur sert à noircir l'ancien fisc, représenté chez eux comme un comble de désordre. La dîme, les corvées, la gabelle, l'emprunt, les traitants, l'altération des monnaies composent le portrait qu'ils en font et qu'ils opposent à l'ordre parfait de nos budgets. Là-dessus on ne manque guère d'ajouter, en forme de conclusion souveraine, que la vieille monarchie a péri par ses finances ; quelques-uns disent « s'est effondrée ».

La grossièreté du terme vient à propos pour faire sentir dans la pensée une excessive impertinence. On peut répondre tout de suite à cette conclusion, que les finances de la Restauration ont été ce qu'on a vu de plus irréprochable, et que cela n'a pas empêché la Restauration de « s'effondrer », sous le même effort des mêmes entrepreneurs de l'effondrement national.

Une institution comme la monarchie Française ne périt pas comme une maison de banque. C'est se moquer de prétendre qu'une royauté de dix siècles a pu recevoir la mort d'une mauvaise gestion financière, qui durait depuis aussi longtemps qu'elle, qui en dix siècles ne l'avait pas tuée, et qui, loin d'empirer quand ce dénouement survint, allait, de l'aveu universel, en s'améliorant tous les jours.

Oserai-je ajouter que, de quelque manière qu'on interprète cette réputation, assez d'hommes illustres ont laissé dans l'histoire de notre pays celle de financiers habiles. Charles V, Charles VII, Louis XI, Louis XII, Sully, Colbert, le cardinal Fleury, sont autant de preuves que quelque science des finances a précédé dans notre pays l'établissement de la fiscalité moderne. Ajoutez les talents qu'il a bien fallu déployer pour venir à bout de tant de guerres coûteuses, pour encourager magnifiquement l'art et l'industrie nationale, pour mener parfois les deux ensemble et de front. Catherine de Médicis bâtissait en pleine détresse des guerres civiles. Louis XIV sut mener à terme la grandiose entreprise de Versailles.

On répond à cela, tantôt que ces princes vivaient d'expédients, tantôt qu'ils pressuraient les peuples. Mais on pourrait soutenir que les expédients étaient justement l'*art* de ces temps-là ; et quant à pressurer les peuples, à qui fera-t-on croire qu'une nation soit capable de durer et de prospérer à ce prix ? La réponse à ceci est dans le fait de l'existence, de la durée et de la puissance de l'ancienne France, qui suppose, en dépit de tout ce qu'on allègue, de l'ordre dans les finances.

Cependant comment nier plusieurs faits de cette histoire ? L'altération des monnaies est certaine. Elle dura depuis Philippe le Bel jusqu'au cardinal Fleury. Durant cinq siècles, entre plusieurs moyens de suffire aux dépenses publiques, la monarchie Française connut et pratiqua celui de remettre en cours pour leur valeur ancienne des monnaies refondues dont on réduisait le titre. Le recours aux traitants n'est pas plus contestable. Le roi empruntait à usure; d'avides marchands d'argent étaient indispensables à l'entretien de son trésor. C'était des Juifs, ou de ces Italiens qui faisaient nommer Lombards tous ces prêteurs. Scipion Sardini prêtait à Catherine; les traitants de Louis XIV sont demeurés célèbres; l'histoire de la fortune et de la ruine de financiers comme Bourvarlais emplit de son tapage tout le dix-septième siècle.

Ces pratiques ont pour vivant commentaire les embarras financiers qu'on voit à des époques diverses se déclarer par toute notre histoire : pour ne compter dans les temps modernes que quelques-uns des principaux, ceux de 1575, de 1645, de 1709, de 1770. Embarras signalés par des désordres et des irrégularités de tout genre: paiements de rentes ajournés, consolidations, pensions supprimées ou réduites, emprunts obligatoires; auxquels répond le redoublement d'impôts, avec l'état de violence et d'agitation qui s'ensuit.

L'objet de ce chapitre est de fournir la vraie philosophie de ces faits.

Et d'abord remarquons que les anciens impôts n'ont causé de ces agitations, ne motivent aux yeux de la postérité la réclamation dont on parle, que par intervalles seulement, non pas d'une manière continue. Ce désordre ne se voit que dans des temps de détresse : détresse publique, dont les causes tiennent à des circonstances exceptionnelles. Tantôt c'est la guerre étrangère, et tantôt la guerre civile, quelquefois les famines inévitables alors. Le fait est facile à vérifier ; les conséquences en sont remarquables.

Car je le demande, qu'est-ce que de mauvaises finances ? Celles dont l'effet est de doubler les impôts en l'absence d'aucune cause notable, particulièrement de celles qui tiennent à la guerre. Il en est des États comme des particuliers. Mauvais économe n'est pas celui que les embarras d'argent travaillent dans le temps de dépenses exceptionnelles ; mais celui qui manque d'argent dans le cours ordinaire des choses, faute de ménager ses ressources. Le degré d'embarras où l'on tombe est moins ce qu'il faut considérer, que les circonstances dans lesquelles on y tombe. Le degré d'embarras peut venir de quelques raisons générales indépendantes, que la sagesse même n'a pu vaincre. Ainsi la République est mauvaise financière : les impôts grandissant toujours sans qu'on en puisse donner de raison, ni dire quelles circonstances nouvelles entraînent cet accroissement des charges. Au contraire, les finances compromises de François Ier, de Catherine de Médicis, de Desmarets à la fin du règne de Louis XIV, de l'abbé Terray, vont avec les embarras de l'État ; elles sont l'effet de maux qui s'étendaient à tout.

Tout le monde subit la gêne de ces temps-là, le roi en son privé comme la France, les puissants comme les faibles, les riches comme les pauvres. C'est en pareil cas qu'on a vu les rois de France porter leur argenterie à la monnaie. C'est à de pareilles détresses que nous devons la perte de cette fameuse vaisselle d'argent de Louis XIV, meubles, bassins, caisses d'oranger, dont la tenture des Maisons Royales nous conserve quelques magnifiques images. Au contraire, la paix rétablie avait pour effet de remettre tout en ordre, chez les particuliers comme chez le roi.

C'est ce qu'on vit après le traité des Pyrénées, sous l'administration de Colbert, entre 1662 et 1671. Les finances alors furent parfaites, et, dans leurs résultats, de nature à contenter les plus difficiles.

Ainsi en fut-il sous le cardinal Fleury, dans les vingt-deux ans qui vont de 1726 à 1748. Cette période est la plus prospère à cet égard que l'ancien régime ait connue. Des signes non équivoques l'attestent. Tous les six ans chaque adjudication des Fermes marquait une plus-value nouvelle. En ce temps-là se place la longue surintendance du contrôleur Orry, maintenue près de quinze ans. Alors se rend sensible l'essor de l'industrie ; le bien-être des villes grandit, comme la richesse dans les campagnes. En vingt endroits, dans les promenades que nous faisons par la campagne, nous rencontrons des fermes de ce temps-là. La bâtisse en est admirable, tout y rappelle l'aisance des anciens maîtres. Je laisse le style, qui les met bien au-dessus de ce qu'on voit construire aujourd'hui.

Nous avons peine à imaginer les ressources qui se trouvaient alors dans les petites villes et même dans des villages, depuis concentrées en quelques points de la France, et dont la dispersion composait un état qu'on ne peut s'empêcher de regretter. Par exemple, le château d'Arnouville près de Gonesse, qui fut bâti par les Machaut, possédait une grille de fer orné, depuis transportée aux Vaux-de-Cernay, qui est un chef-d'œuvre de l'art. Voici ce qu'on lit dans d'anciennes descriptions :

> Cette grille, composée par M. Contant, a été exécutée par Nesle, serrurier établi à Arnouville, homme supérieur en son genre.

Qu'on se figure le serrurier artiste établi dans ce village des environs de Paris, et qu'on mesure sur un tel détail le degré de développement de ces temps-là.

Durant les périodes dont je parle, on ne voit pas d'embarras chez le prince, aucune plainte ne s'élève dans le peuple. Ce qu'on allègue de détresse n'est qu'en certains moments. Notre erreur l'étend à tout l'ancien régime ; nous prenons les plaintes d'une année pour la doléance des siècles.

Divisons les reproches, comme il est légitime. Louis XIV, dit-on, a fait des guerres ruineuses : c'est un reproche à sa politique, ce n'est pas un reproche à ses finances. Les ministres, ajoute-t-on, ont dilapidé ; mais il n'y a pas d'exemple que cette dilapidation ait causé le mauvais état des choses. Elle ne nuit pas dans la prospérité ; et la détresse d'argent n'en est jamais l'effet.

De tout ceci je conclus que le nom de mauvaises finances n'est pas applicable au passé. Toute condamnation générale, qui tend à représenter le désordre installé dans le trésor royal, et le défaut d'économie publique comme l'état constant de l'ancienne France, est contredit par ce peu de réflexions.

Cependant ce n'est pas sans raison qu'on remarque d'anciennes imperfections à cet égard. Qu'est-ce donc qu'on peut reprendre dans les finances d'alors ? Leur instabilité.

Elle est manifeste. Ce qu'on vient de lire la confirme. Prospères en temps de prospérité, les finances de l'ancien régime sont sujettes à tomber en cas de malheurs publics, sous le poids de dépenses extraordinaires. C'est un inconvénient que notre siècle évite, et qu'il convient de considérer.

On trouvera que cette instabilité n'était l'effet d'aucune mauvaise gestion particulière, mais de l'instabilité générale des fortunes. Quant à celle-ci, les signes s'en manifestent de mille manières. Il faudrait n'avoir jamais lu, pour ignorer quelles conditions irrégulières la possession d'une grande fortune faisait jadis à la vie des hommes. Les revenus ne pouvaient s'assurer.

Riche une année, on était pauvre l'autre. De là pour les particuliers la nécessité des expédients ; de là tant d'entreprises que l'on ne pouvait achever, tant de bâtiments laissés en cours d'exécution.

Le défaut de grande industrie, l'état naissant du crédit, faisaient cela. La mobilité des capitaux, dont bénéficient les modernes, n'était pas soupçonnée alors. Tout le bien était en terre, sur laquelle les saisons ont une influence souveraine ; l'état des récoltes réglait tout : l'inclémence d'un été troublait la recette publique, un hiver excessif ruinait le pays. On sait quel fut l'effet de celui de 1710.

Un écrivain des plus distingués, M. Stourm, paraît oublier cela, quand, faisant le procès de ce qui se passa alors, et rapportant le peu d'exactitude qu'on mit à payer l'emprunt de 1709, il écrit :

> Une fois l'emprunt réalisé, *les excuses ne manquèrent pas* pour ajourner l'échéance promise ; déficit imprévu dans la rentrée des impôts, *rigueur d'un hiver exceptionnel*, continuation de la guerre.

N'est-il pas étonnant d'entendre appeler *excuses* des causes aussi certaines et péremptoires que les circonstances dont il s'agit? Un hiver durant lequel on raconte que la mer gela sur nos côtes, fait cependant un contretemps que toute la sagesse de M. Léon Say eût été impuissante à conjurer alors. Il y a du ridicule dans ce reproche des modernes, et dans cette fatuité qui les fait s'affranchir en idée de la sujétion des éléments.

Ce que l'ancien régime en pareil cas faisait mal, personne n'aurait pu le mieux faire. Ces effets tenaient à des causes que l'initiative d'aucun homme, le jeu d'aucune institution ne pouvait changer. Une fiscalité certaine et permanente était alors parfaitement impossible.

Tout l'art consistait en ce temps-là à amasser un trésor pour le besoin. Le salut de l'État était le même que celui d'un journalier, qu'une maladie ruine. On ne dira jamais assez à quel point les écrivains spéciaux en ces matières, ignorants du point de vue de l'histoire générale, tout renfermés dans les rubriques d'une dogmatique intolérance, ont parlé faussement du passé.

Il est superflu, écrit l'un d'eux (repoussant les doctrines d'un financier d'alors), il est superflu de réfuter de pareils sophismes. Même en 1709, ce tableau ne pouvait illusionner qu'un *ministre aveuglé par les nécessités du moment.*

Je demande à quoi l'auteur prétend qu'un ministre ait égard, sinon *aux nécessités du moment.* Il dit « aveuglé » : c'est fort bien, et on ne peut défendre l'*aveuglement.* Cependant il faudrait se convaincre que la situation d'un écrivain qui au nom d'un système juge l'histoire tranquillement, sans autre risque pour lui que d'être sifflé, n'a que peu de rapport avec celui d'un ministre qui, voyant se vider ses coffres, n'a que le moment pour les remplir. Les nécessités qu'il éprouve n'ont pour effet ni de l'éclairer, ni de l'aveugler ; elles commandent, et c'est bien assez. La réflexion et la lumière sont bienvenues en d'autre temps.

Tel est le tableau d'ensemble qu'il faut se représenter, si l'on veut comprendre de quelle sorte l'ancien régime vécut en matière d'impôts. Il faut entrer maintenant dans quelque détail.

Je rappelle que les impôts d'alors étaient la *taille*, la *capitation*, et les *dixièmes* ou *vingtièmes*, comme impôts personnels et de répartition, c'est-à-dire réglés pour chacun sur les sommes qu'il faut obtenir ; impôts personnels, dis-je, l'impôt réel étant comme impossible alors, à cause de la difficulté d'estimer ce que chacun possédait. C'était en second lieu la *gabelle* et les *aides*, impôts indirects et de quotité, c'est-à-dire fixés en eux-mêmes.

Ce qui fait que dans les temps difficiles on les supportait malaisément, c'est que les premiers étaient irréguliers et que les autres étaient fort chers. Ceux-ci étaient affermés par l'État. On sait que cette ferme fut l'institution de Colbert : il institua quarante fermiers généraux, dont l'engagement était renouvelé tous les six ans. Le système n'allait pas sans abus ; mais on n'y pouvait remédier, faute de l'outillage obéissant que les États modernes possèdent dans leurs administrations. Ce que nous appelons de ce nom n'était point ; et on ne pouvait songer à les créer.

La Ferme les remplaçait au mieux dans les levées

d'impôt indirect. Pour les autres, on y suppléait par des collecteurs choisis dans chaque endroit, à qui revenait au nom du roi le soin de recueillir l'impôt. Cette institution de la collecte entraînait des inconvénients qu'on imagine facilement ; mais tout moyen manquait de la remplacer. Un receveur rassemblait dans ses mains l'argent levé par les collecteurs. Pour établir quelque contrôle effectif de la gestion de ce dernier, on inventa de faire se succéder dans une charge trois receveurs, dont le premier rentrait en fonctions au bout de trois ans : on les nomma receveurs triennaux ; la gestion de l'un servait de contrôle à celle de l'autre. Pour les receveurs généraux, le système fut d'en mettre deux dans la même charge, et par chaque généralité.

Tous ces efforts attestent assez les embarras qui tenaient à l'état de choses, et que seul un certain progrès des choses pouvait changer. Les vices de la levée s'ajoutaient en temps de crise à l'impopularité de l'impôt.

Tout ceci fait comprendre pourquoi, dans ces temps-là, la monarchie ne put éviter les expédients.

En 1711, elle souffrit que le clergé rachetât 4.000.000 de capitation annuelle, pour une somme de 24.000.000. C'était, disent nos économistes avec pompe, *emprunter à seize pour cent.* Mais ils oublient d'ajouter une remarque : c'est que les traitants prêtaient à vingt-cinq.

En 1713, une réduction de deux cinquièmes eut lieu, des rentes sur l'Hôtel de Ville. *Faillite officielle*, disent nos économistes. Je leur demanderai si les conversions de rente que nous subissons à présent ont un effet différent de cette « faillite ». Ils allégueront qu'elles sont plus régulières. Je l'avoue. J'avoue que cette régularité est un avantage des modernes ; mais quant à l'injustice, elle n'est ni pire ni moindre d'un côté que de l'autre, et les gros mots sont de trop.

Aussi bien, ne croyons pas que ces expédients aient contenté l'ancienne monarchie, et qu'elle n'ait rien fait pour y parer. Il faudrait au surplus entrer dans tout le détail, et demander si plusieurs faits qu'on nous dépeint sous les couleurs les plus noires, n'avaient pas quelques avantages, dont on eut l'art de profiter à propos.

Melon, l'économiste, dont l'*Essai politique sur le Commerce* est un des livres les plus intéressants qui soient, garantit sérieusement que l'altération des monnaies a des avantages. Elle favorise, dit-il, le débiteur, en lui donnant le moyen de se libérer avec une moindre quantité de métal. Un érudit des plus consciencieux, M. Callery, dans l'*Histoire du Pouvoir royal d'imposer*, justifie en termes parfaitement mesurés la fiscalité de Philippe le Bel. Il démontre que les chroniqueurs dont le témoignage sert à décrier ce roi, Guillaume de Nangis, Girard de Frachet, ainsi que les Chroniques de Saint-Denis, ont été mal interprétés.

Du côté des traitants, on sait avec quelle énergie la monarchie se défendait. Il n'y a peut-être pas de spectacle plus curieux dans l'histoire, que celui de ces Chambres Ardentes, où la couronne, par un ordre d'exception que l'évidence de ses droits rendait légitime à tous les yeux, rétablissait ses finances aux dépens de ceux qui les avaient pillées : vraie revanche des pouvoirs nationaux sur les puissances d'argent, non moins propre à manifester la haute dignité de ceux-là qu'à corriger l'abus qu'on ne pouvait ôter. M. Drumont a loué mainte fois cette procédure ; mais il a tort de l'interpréter comme une poursuite de la spéculation ; c'est proprement de la part du roi une reprise de ce qui lui appartenait.

Pour mettre dans tout son jour cette question des impôts et rendre à l'ancien fisc en cela ce qui lui revient d'apologie, rien ne sera plus convenable que de mettre en face de ce fisc ce que les écrivains réformateurs, lesquels alors n'ont pas manqué, ont opposé en fait de réformes. Rien ne peut mieux servir à apprécier le bien contenu dans ce régime imparfait, que l'examen des récriminations qu'il soulevait.

Les plus anciennes en date sont exprimées dans le livre de la *Dîme royale*, ouvrage célèbre de Vauban, composé en 1698, et remis au roi en 1707.

C'était un très grand homme de guerre ; ses théories de finances n'ajoutent rien à sa gloire. On les a vantées cependant, mais par opposition seulement à

4*

Louis XIV, puisque les plus empressés à l'en louer ne laissent pas d'avouer qu'elles sont mauvaises. Il y a là-dessus des mots qu'on ne peut trop admirer.

Quoique ce projet, dit Léon Say (le projet de Vauban), *fût impraticable*, il n'en fait pas moins le plus grand honneur à l'homme de génie qui en est l'auteur.

Quoique ce mot, dirai-je, justifie à merveille le soin que prit Louis XIV de faire taire Vauban, il n'en met pas moins dans tout son jour l'inexprimable frivolité d'esprit d'un grand pontife de la finance. En cette matière la plus rigoureuse de toutes, vantée même à ce titre par ceux qui la professent, louer un réformateur d'avoir fait un projet que l'on déclare *impraticable*, le louer de cela quand soi-même on professe de réformer les erreurs en ce genre, de redresser les torts et de gouverner l'État, je demande de quel nom cette folie-là se nomme.

Tout ce que cette science compte d'autorités, se réunit contre l'impôt unique ; il est traité d'utopie partout ; cependant il fait le fond du livre de la *Dîme royale*. De ce livre il passa bientôt à l'école célèbre des Physiocrates.

On sait quel empire elle avait pris à la veille de la Révolution. Quesnay, Gournay, Turgot, et plus tard Dupont de Nemours en sont les représentants fameux. On en dédia les doctrines à Louis XV. Quesnay, qui comme médecin de Mme de Pompadour ne quittait pas Versailles, eut l'honneur de voir tirer par le roi la première épreuve de son *Tableau économique.* Cette école publiait un journal, les *Éphémérides du Citoyen*, plus tard remplacé par les *Nouvelles Ephémérides*, que dirigea l'abbé Baudeau.

J'ai dit que leur principe était l'impôt unique. On en chargeait la terre, et, dans le revenu de celle-ci, ce qu'on appelle le produit net. Ainsi établi, croyait-on, sur la source de toute production, on tenait pour inévitable que tout le monde le supportât, par un effet du soin que prendrait le producteur de s'en payer sur le genre humain. Le laboureur, dans ce système, compte pour fermier de l'impôt, désigné tel par la nature. Cette sombre extravagance fit une fortune immense. Elle ne trouvait pas de contradicteurs : les tenants du système ayant fait en sorte d'occuper toutes les avenues de la publicité. Ils encoururent pourtant la satire de Voltaire, dans son roman de l'*Homme aux Quarante Ecus.*

Tels sont les remèdes que l'invention des gens de lettres proposait aux abus de l'ancienne fiscalité. Il n'est pas pour celle-ci de meilleure excuse.

La Révolution ne fut au propre qu'une continuation de ces folies. Exécutée par des *bêtes féroces*, selon le mot de Rivarol, on sait assez que les *gens d'esprit* en furent auteurs. A cet égard comme à plusieurs autres, elle offre le tableau de livres mis en action. C'est donc un abus de prétendre qu'en présence des inconvénients que j'ai rapportés tout à l'heure, elle ait le moins du monde traité le mal.

Ce traitement ne fut jamais son fait. Il s'est achevé depuis la Révolution ; il était commencé avant elle. Ce qu'elle inventa ne fit qu'en troubler le cours, soit en le contrariant en effet, soit en le compliquant d'imbéciles chimères.

Longtemps avant quatre-vingt-neuf, ces questions de finances étaient traitées par des hommes de la profession, qui consignaient leur expérience dans les livres. Melon, ci-dessus nommé, Forbonnais, Dutot, furent en possession sur cette matière de lumières que ne connurent jamais les Physiocrates. Avec ce mouvement des auteurs allait un progrès de réformes. Un édit du cardinal Fleury assura en 1726 la fixité des monnaies, qui se rendait possible enfin. Cet édit l'eût assurée pour toujours, sans la Révolution, qui au bout de soixante-cinq ans, en 1791, rompit précisément cet ordre, qu'on nous fait croire qu'elle établit.

Necker, pour notre malheur à demi physiocrate, mais financier de profession, décréta avantageusement une fixité de la taille, qu'on ne pût plus changer sans que (comme c'était le cas pour les autres impôts) le Parlement eût donné son avis. Cela fut en 1780. En 1787, l'assemblée des Notables réunie par Louis XVI formula le principe de l'impôt mobilier, fixé d'après l'habitation de chacun : principe excellent dont aucune théorie n'avait préparé l'invention, et qui ne vint que des conseils de l'expérience, dirigeant l'effort naturel en vue de l'amendement des choses.

Les amis de la Révolution, attachés en histoire au fatalisme évolutionniste, ne manquent pas de voir dans ces effets la Révolution elle-même et son souffle, qui commençait d'emporter la société. Cependant il est sûr que ces réformes furent accomplies selon le mode et les procédés de l'ancien régime ; il n'est pas moins sûr que la Révolution en exercice fit tout le contraire.

L'œuvre de celle-ci fut de brouiller tout, sous l'empire d'une part de la physiocratie, de l'autre de la philosophie nouvelle des Droits de l'Homme.

Léon Say ose assurer que la physiocratie n'eut pas de part à la Révolution. C'est une fantaisie de cet auteur. Il ne s'agit pas seulement d'une influence sur les esprits, prouvée par je ne sais combien de témoignages, mais dans les faits, laquelle est évidente. L'impôt unique, que la Révolution voulut établir, sa volonté pareillement que cet impôt fût l'impôt foncier, la suppression des impôts indirects, qu'elle entreprit, sont les propres principes de l'école physiocratique. Dupont de Nemours représentait cette école à la Constituante et dans l'assemblée des Cinq-Cents.

Ce qui fit supprimer la gabelle à la première de ces assemblées, ne fut pas seulement l'esprit démagogique, mais aussi l'attachement au principe.

La gabelle était impopulaire moins en soi que par la manière. C'était le cas de beaucoup de ces anciens impôts. L'inégalité de droits de province à province était ce qui en rendait le poids insupportable ; il faut ajouter les variations qu'elle subissait d'une année sur l'autre ; pourtant les plaintes qu'elle soulevait par là ne furent pas les seules causes que l'on considéra. En effet, il est remarquable que le Directoire proposa bientôt de la rétablir. Ainsi ce qu'on en redoutait n'était pas les effets, mais l'illégitimité philosophique sur laquelle on fut moins scrupuleux dans la suite. Le ministre du Directoire disait :

> Il faut peut-être un grand courage pour oser replacer sur la liste des revenus publics le produit *de certaines contributions*, que des déclamations, fondées sur des abus qui ne peuvent plus renaître, ont discréditées dans l'opinion publique. Ainsi la proposition de percevoir un droit, quelque modique qu'il soit, sur la consommation du sel, devra naturellement se présenter avec une extrême défaveur. Elle rappellera de douloureux souvenirs. Que peut-il y avoir cependant de commun entre *ce régime dévorant* et l'établissement d'un droit à l'extraction des marais salants ?

En effet, comment trouver une ressemblance entre l'impôt sur le sel et la *proposition de percevoir un droit sur la consommation* du sel ? Il aurait fallu être bien pointilleux pour cela. L'Empire passa aux effets. Il rétablit tous ces impôts, celui des boissons en 1804, celui du sel en 1806 ; celui du tabac fut rétabli en 1808. Le peuple de France recommença à payer des droits contre lesquels on assure que la Révolution fut faite.

Il est remarquable que, dans la Constituante, Malouet avait réclamé en faveur de la gabelle, disant qu'elle n'était devenue odieuse que « par le régime qui était suivi et par l'excès de son poids ». Mais la *philosophie* ne voulait rien entendre : elle s'imposait contre les nécessités d'État. Elle s'imposait contre l'opinion même, qui s'accommodait au contraire des impositions indirectes. Nous en tenons le précieux aveu de Dupont de Nemours, qui, à titre de physiocrate, réprouvait justement le principe de celles-ci. Devant la Constituante il disait : *Cédons à l'opinion, maintenons ces impôts.* En passant, je prie le lecteur d'admirer cette méthode de gouvernement : « Organes, disait Dupont de Nemours, de l'opinion publique dans des temps orageux, *nous sommes obligés d'en suivre l'impulsion* et de léguer à nos enfants le sort de l'éclairer : elle veut des contributions indirectes (1). »

Rien n'est plus formel, ni moins suspect. Dupont de Nemours parlait comme nos centres, qui font appel à l'opinion. Les gauches, repoussant cette théorie abjecte, imposent leurs systèmes et triomphent : ces systèmes en soi sont absurdes, mais le procédé qui les fait prévaloir est le bon. A cet égard alors, comme toujours, les Jacobins montrèrent plus de pratique politique que les modérés. On supprima les

(1) Léon Say, *Les Solutions démocratiques de la question des Impôts*, tome II, p. 22.

impôts dont seuls les abus déplaisaient, et au principe desquels l'opinion tenait. On les supprima, dis-je, jusqu'au jour où la nécessité, d'accord avec l'opinion, obligea d'anéantir sur ce point (comme en plusieurs autres) l' « œuvre » de la Révolution.

La philosophie des Droits de l'Homme conseillait un autre genre de folie. L'égalité devant l'impôt est son fait.

On ne dira jamais assez combien ce principe, aisément célébré dans l'abstrait, engendre en cette matière particulière d'impôt de questions insolubles et d'absurdités. Il y a longtemps que tous ceux qui s'occupent de ces choses ont remarqué la difficulté de déterminer l'*incidence* de l'impôt. Celui sur qui l'impôt est levé, n'est pas toujours celui qui le paie, ce dernier ne manquant guère de s'en dédommager dans plusieurs transactions qui s'ensuivent ; le marchand fait payer plus cher une denrée que l'État impose : ainsi c'est le public qui paie. En mille occasions et de mille manières cette transmission de charge s'opère : tantôt l'impôt est recouvré tout entier, tantôt seulement en partie, la diversité des relations ayant pour effet d'en faire mille mélanges. Ainsi l'impôt du riche va frapper le pauvre, la justice est mise en déroute, la prétendue égalité volée. De là vient que le signe d'un sage impôt n'est pas de se déduire plus ou moins de principes de justice (dans lesquels la moitié des considérations nécessaires sont omises), mais d'être recouvré avec facilité. A cet égard, les impôts que le siècle écoulé a payés, méritent d'être fort approuvés. La République, reprenant l'œuvre de la Révolution, s'applique à les changer, pour l'amour du principe.

Au nom de cette égalité, que de réclamations n'a-t-on pas entendues contre le privilège qu'avaient, dit-on, les nobles de ne pas payer d'impôts autrefois ! La vérité constante est qu'ils payaient ceux du dixième et du vingtième. Il n'y avait pas d'exception à ceux-là. Le clergé les payait aussi. Il y joignait de plus ces fameux dons gratuits, que la monarchie, dans les moments d'embarras, réclamait de sa bonne volonté. La taille, il est vrai, épargnait la noblesse ; cependant on se tromperait fort de croire que cette exemption fût l'effet de la faveur : elle tenait à des raisons historiques qui longtemps constituèrent un droit.

Il faut considérer que la taille fut à l'origine et dans son institution une aide qui remplaçait le service militaire. Il est remarquable que les autres impôts relevaient de la Cour des Comptes, laquelle avait charge des biens domaniaux ; au contraire, la taille relevait de la Cour des Aides. C'étaient deux administrations dont Charles V avait voulu que les attributions fussent distinctes, pour ne donner point d'ombrage à la fierté des seigneurs : à l'une était remise la charge de ce que le roi exigeait comme *seigneur*, à l'autre de ce qu'on lui devait comme au *roi*. Le service militaire était de cette dernière sorte ; un impôt par lequel on s'en dispensait, n'eut garde de tomber sur ceux qui continuaient de le rendre : c'est toute l'histoire de la taille. Dans la logique de cette institution, la seule plainte qu'on puisse formuler, c'est que d'autres que les nobles continuent de la payer ou d'en payer l'équivalent, quoiqu'on n'ait pas laissé d'étendre à eux l'obligation du service militaire. Dans ce point de vue, ce n'est pas l'ancien régime mais le moderne qui lèse le roturier.

Il est certain, il est visible, il est palpable que tout ce que la Révolution a entassé de plaintes à cet égard, ne fut jamais dirigé à des réformes, mais à l'agitation démagogique seulement. On ne chercha pas autre chose par la publication du Livre Rouge ; la suppression de la corvée, dont Turgot prit l'initiative en 1776, n'avait pas d'autre but au monde.

On sait ce qu'était ce Livre Rouge : un état des dépenses de la Cour, où se lisaient les pensions et les dons de toute sorte. L'effet de ces documents répandus dans la foule passe de bien loin leur portée véritable ; ce qu'ils contiennent d'irrégulier fait scandale ; les mentions les plus innocentes produisent au moins l'indignation. Ceux qui jetèrent ce Livre en pâture à l'opinion, le savaient. Leur intention n'était d'éclairer personne : ils ne visaient qu'à la révolution. Dans le Livre Rouge dévoilé, les foules badaudes pensèrent contempler à la fois tous les abus de l'ancien régime.

Quant à la corvée, qui n'eut jamais d'injuste que ce qu'il plut aux publicistes d'en écrire et de persuader, le Consulat la rétablit purement et simplement, le 23 avril 1802. Abolie par le tyran Louis XVI la deuxième année de son règne, elle revécut au bout de vingt-cinq ans par les soins du soldat de la Révolution. Il faut avouer que *de la supprimer* fut l'acte révolutionnaire. On l'appela désormais prestation, c'est le nom qu'elle porte aujourd'hui. Tout ce qu'on y changea, fut que les chantiers de travail furent rapprochés des lieux d'habitation de chacun, et que les pouvoirs locaux eurent charge de la répartir. Petits avantages, que Turgot aurait pu assurer ; mais il n'eût pas conquis par là le nom de redresseur d'un abus de l'ancien régime, que nos manuels ont bien le front de lui maintenir.

La grande invention de la Révolution en ces matières mérite une attention particulière. Il y faudrait un chapitre à part, et le ton relevé d'un poète écrivant dans le genre du *Lutrin* ou de la *Boucle de cheveux enlevée*. L'*impôt en nature* ferait le sujet heureux d'un ouvrage héroï-comique, auquel on n'aurait que la peine de mettre les rimes, les orateurs du temps ayant fourni le fond de la littérature.

Dans ce monde de robins philosophes et de cuistres qui formait alors les assemblées, le rêve d'un impôt levé sur la denrée même, au milieu du tableau des champs, ne pouvait manquer d'être approuvé. Les imaginations fermentèrent là-dessus. Une fois de plus dans cet épisode apparaît l'ignoble caractère d'hallucination littéraire qu'épouse la Révolution. Tous ces badauds venimeux, tous ces niais féroces, se forgeaient l'image d'une Bétique, purgée de l'appareil de registres et de bureaux, et revenue au simple appareil de l'âge d'or. Ils s'en repassaient entre eux la séduisante peinture, et même semblent n'avoir réclamé cet impôt que pour avoir le plaisir de la peindre.

A la moisson, disait devant la Convention, à la moisson, disait Dubois-Crancé, tout le monde est riche ; chacun est émerveillé de la quantité de denrées qui rentre dans les granges ; on fait bombance, on n'en croit pas voir la fin. Mais lorsque vient *le mois de nivôse*, lorsqu'après avoir battu les semences, payé les domestiques, le bourrelier, le charron, le maréchal, il faut encore acquitter la contribution aux charges publiques, c'est là où l'on trouve à décompter. Le laboureur doit détasser presque toute sa récolte, pour aller au marché échanger sa denrée contre *le signe qui la représente* à l'impôt... Il est donc de l'intérêt des cultivateurs, et spécialement des moins fortunés, d'acquitter au bout du champ la contribution qu'ils doivent à la République, afin que ce qu'ils remettent en grange leur appartienne en réalité, et cesse de les tromper par une fausse apparence de richesse, qui n'est dans le fait qu'un dépôt onéreux (1).

Admirez le sérieux de ce ton, et le grave soin que prenaient de peigner ces proses stupides des gens qu'on nous dépeint comme possédés de l'unique souci du salut public. Ainsi se fleurit de nos jours

(1) Stourm, *Les Finances de l'Ancien Régime*, t. I, p. 187.

M. Jaurès, dans le genre épique. L'églogue de celui-ci ne fut pas d'abord suivie ; l'Assemblée opposa la question préalable ; quelques-uns pourtant la défendirent. L'abbé Charrier remarqua avec bonheur que « l'impôt en nature effraie parce qu'on n'en a pas l'expérience » ; Bouche, passant aux moyens, prit sur lui d'assurer que « les municipalités ouvriraient des enchères, où elles affermeraient à des particuliers, qui paieraient en argent » : cette manière, ajoutait-il bravement, « est douce et peu dispendieuse ».

Quelques restes de bon sens éteint, galvanisés par ces sottises, jaillirent du sein de la Convention. Dédeley répondit : 1° que le fermier réclamerait de gros droits, trente pour cent au moins, à cause du nombre incalculable d'agents qu'exigerait le recouvrement de l'impôt le même jour sur une immense étendue ; 2° que certaines récoltes ne peuvent attendre le collecteur ; 3° que celles qui se font par petites quantités pendant longtemps, comme des cocons, des noix, etc., ne se prêtent absolument pas à ce système ; 4° qu'une moisson égale est loin de représenter toujours le même profit pour le propriétaire, et qu'on ne peut lever la même part de denrées sur des terres dont les frais sont inégaux : ainsi il fallait estimer chaque terre, et le tracé du cadastre, qu'on pensait éviter, n'en était pas moins nécessaire.

C'était en 1790. En 1795, devant les Cinq-Cents,

Dubois-Crancé renouvela sa proposition, l'histoire à la main cette fois.

Les Romains, dit-il, percevaient l'impôt en nature. *Les Chinois, le peuple le plus sage de l'univers*, font de même.

Cet argument était sans réplique. On sait qu'après Aristée et Tityre, la Révolution ne vénéra rien tant que Fo-hi, Kien-lon et Can-tchi, et après les Vies de Plutarque que le livre Choukin. La Chine l'emporta. Le projet fut voté, avec quel succès on l'imagine. Voltaire écrivait plaisamment : « Les Lapons et les Samoyèdes sont soumis à un impôt unique en peau de martre, la république de Saint-Marin ne paie que des dîmes pour entretenir l'état de sa splendeur. » La France fut mise à ce pas. La loi prit dix séances. On accorda l'impôt en nature, d'abord pour la moitié, et puis pour les trois quarts. Au bout d'un an, un rapport de Balland faisait ouïr aux Cinq-Cents les résultats.

Ils étaient effroyables. Le désordre de la perception en faisait la moindre partie ; le déficit passa toutes les craintes. L'énorme amas de denrées remis aux mains de l'État s'était perdu de vingt façons : on les rangeait dans les églises confisquées ; la pourriture, les insectes, les voleurs, les y consommèrent en partie; les frais de garde, de manutention, de transport, avaient achevé de dévorer le reste. Dubois-Crancé n'en défendit pas moins son système avec intrépidité. Il traita les autres projets de *chimère*. Selon lui, un cadastre exact était impossible. « La véritable répartition, dit-il, la plus approximative du moins, se trouve dans les mains de la nature. » Et, content de cette gentillesse, il ajoutait : « Par la manière dont elle distribue ses bienfaits, elle indique elle-même où est la richesse, où est la misère. »

Le régime ainsi défendu prolongea un an son exercice. En 1797 seulement, après deux ans de désordre burlesque et d'affreux gaspillage, on se résolut de terminer la gageure. Tel est en abrégé le trait le plus remarquable de la réforme de l'impôt sous la Révolution.

Je parle des systèmes réguliers. Quant aux faits d'expédients, c'est mieux encore. La fixation du *maximum*, les réquisitions de denrées à main armée, firent voir, après trois quarts de siècle de progrès ininterrompus vers la fixité des finances, un retour à des mesures d'exception dont la violence passait tout ce qu'on avait connu. Cambon, pour encourager le commerce, proposait d'interdire la lettre de change. Mais par compensation nous eûmes les assignats : témoignage fameux et éternel des capacités financières déployées par les réformateurs. La ruine générale s'ensuivit ; ils n'empêchèrent pas la banqueroute. Au milieu de tout cela, Barrère disait :

Citoyens, jamais la fortune publique n'a été élevée au point où elle est en ce moment. Riche de *liberté*, riche de *population*, riche de *domaine*, la République compte employer pour l'amélioration du sort des citoyens les milliards des riches.

On remarquera en passant combien cette éloquence a peu changé.

Conclusion : néant et néant. Tout ce qu'on nous conte sur l'œuvre de la Révolution quant aux impôts, n'est qu'un mensonge. La Révolution n'a pas fait le Grand Livre, la Révolution n'a pas fait le Cadastre, si du moins faire signifie *faire* et non annoncer *qu'on fera.*

« De même, écrit M. Stourm (1), qu'elle osa organiser le Grand Livre de la dette publique en pleine faillite, au milieu du désordre administratif le plus effroyable, elle ne craignit pas de décréter le Cadastre. Les historiens qui prennent pour une fondation glorieuse ces sortes de décrets improvisés, qu'aucun rapport, qu'aucune discussion ne précède, paraissent ignorer quels efforts patients et réfléchis, quels travaux prolongés nécessitent d'aussi grandes créations, lorsqu'elles sont destinées à fonctionner réellement et efficacement. »

Le 21 mars 1793, la Convention avait voté ce texte : « Il sera procédé à un cadastre général. » L'année suivante, la phrase fut revotée ; c'est tout. C'est en cette sorte que la République fondait ; c'est le tableau précis de son pouvoir créateur : il fallut le Consulat pour commencer le Cadastre.

Le bon est de voir là-dessus les gens de parti peiner pour redonner figure au monstre. M. Léon Say le

(1) Ouv. cit., t. I, p. 194.

lèche avec persévérance. A force de figures de style, il le présente sans trop de honte. Le portrait que ce financier sévère parvient à tracer des finances d'une époque *qui n'eut point de finances*, est exactement du même genre que celui que Mlle de Scudéri avait donné en beau de la Furie Tisiphone. Je recommande sérieusement la comparaison :

Pendant la Révolution les rôles furent *très imparfaitement* dressés et les contributions furent *très imparfaitement* recouvrées. On fut obligé de faire des remises *fréquentes*, ET MÊME de faire payer l'impôt en nature, parce qu'il n'y avait pas d'argent dans les fermes.

Le trait de l'impôt en nature escamote un mensonge. On a vu qu'il ne fut pas subi, mais imposé. Pour le reste, que de précautions, dont le vrai caractère est l'impudence ! N'importe, il faut de l'adresse pour exécuter cela, et l'on sait si cette adresse est perdue.

Ce fiasco retentissant, cet échec misérable, ce démenti illustre à tant d'ostentation ne fut pas, comme on le dit quelquefois, la faute des circonstances ; il ne venait pas des énergumènes, mais des docteurs ; il venait du charlatanisme de Turgot, de l'illusion de Necker, il venait des Physiocrates et de leur *revenu net*, sur lequel ils voulaient qu'on établît l'impôt, et que personne jamais ne sut fixer. La loi de 1790 en proclama avec innocence le principe, qu'on ne put jamais appliquer. On institua pour cela des magistratures : le Directoire créa les *jurys d'équité*, véritable abus décrété. Tout ne fit qu'étaler l'impuissance, la stérilité de la réflexion appliquée à ce sujet par des cerveaux abstraits nourris de doctrine et vides de choses.

Malesherbes a reconnu cette erreur. Elle ne leur sera pas pardonnée, car personne n'est forcé de prendre la conduite des hommes, et ce qu'il y a de fautes excusables n'est jamais celles qu'on fait commettre aux autres. « M. Turgot et moi, dit-il, nous étions de fort honnêtes gens très instruits, passionnés pour le bien ; qui n'eût pensé qu'on ne pouvait mieux faire que de nous choisir? Cependant, ne connaissant les hommes que dans les livres, manquant d'habileté pour les affaires, nous avons mal administré. Sans le vouloir, nous avons contribué à la Révolution. »

Rien n'est plus triste que cet aveu. Rien n'est plus gros de leçon pour mille gens de ce temps-ci, à qui manque même cette sagesse stérile, et qui s'en vont criant, après les catastrophes : J'étais de *bonne foi*, j'ai fait mon *devoir*.

Assurons-nous donc de ceci, c'est qu'en matière d'impôt, les avantages modernes n'ont pas été le dessein de la Révolution. De l'espèce d'ordre rétabli sur ses ruines, le Premier Consul tira nos administrations. Leur ponctualité, leur discipline, permirent des levées d'impôt plus parfaites qu'autrefois. Cet avantage, s'ajoutant à tout ce que le cours du temps amenait de changements favorables, visibles sous l'ancienne monarchie, eut pour effet ce que nous voyons. Je dis ce que nous voyons pour peu de temps encore, puisque l'esprit de la Révolution, travaillant jusqu'à l'ordre administratif, est sur le point de le détruire et sans nul doute y parviendra, si l'on ne chasse la République.

Ajoutons que la perfection en ce genre ne résume pas tout le souci de l'État, et que ceux qui font le procès de l'ancien état de choses à cause de ce seul point, se trompent. Toutes instables, toutes sujettes à amélioration qu'elles fussent, ces finances n'en étaient pas moins celles d'un grand État et d'un peuple prospère. Ce membre imparfait jouait son rôle dans le corps le plus sain et le plus beau du monde. Aussi longtemps que l'école des hommes d'État sera quelque chose de différent d'une académie de finances, il sera juste d'épargner là-dessus les anathèmes.

« Dieu nous préserve, écrit un financier à propos de Louis XIV, des grands rois qui lèguent à leur pays la situation constatée en 1715. » Etrange condamnation. Quoi ! les conquêtes, les traités, les alliances, ne sont rien ; les ressources des citoyens, les mœurs, l'avancement des esprits, pas davantage ! Gages du passé, promesses d'avenir, vains mots, qu'une page de comptes enterre. Quelle pitié ! quel aveuglement de mesurer la grandeur d'un règne au dernier bilan de ses finances ! Un père ne laisse-t-il à ses enfants que ses dettes, quand la maison est grande et prospère ? Au-dessus de l'argent, n'y a-t-il pas le pays, et tout ce qu'il porte en lui de moyens plus ou moins avancés d'en refaire ?

CHAPITRE XIV

LE MENSONGE DE LA MISÈRE PUBLIQUE.

Plusieurs endroits de notre histoire font mention d'un état de misère dans les campagnes. Comme il arrive en pareil cas, les auteurs du temps y ont joint le détail qui les frappait, et dont le pittoresque pitoyable fait impression sur le lecteur. Les dénonciateurs de l'ancienne France n'ont pas manqué de tirer parti de cela.

Ils ont écrit et répété que rien ne fut si malheureux que la condition du paysan, tant que dura l'ancien régime. Le tableau de cet affreux état traîne partout. On nous représente la campagne alors comme couverte de gens affamés, sordidement logés, mal vêtus et croupissant dans l'ignorance. Pour une partie des gens instruits, ce tableau a passé en fait; ils ne le croient ni contestable ni sérieusement contesté; je ne dis rien du peuple lui-même, plongé de nos jours dans le surcroît d'ignorance qu'entretient le mensonge délibérément enseigné.

La querelle qu'on élève ainsi, est différente de celle des impôts. Il ne s'agit pas de ce qu'une fiscalité imparfaite apportait de trouble par instants dans les fortunes particulières en même temps qu'au trésor public, mais de conditions permanentes faites à l'existence d'une classe d'hommes. Car c'est une partie seulement du peuple de France qu'on plaint. On imagine ce peuple partagé en deux parts : l'une échappant par quelques avantages de rang, de relations et de fortune au détriment d'un régime mal construit ; l'autre portant tout le poids de ce détriment, offerte comme en sacrifice au maintien d'une apparence d'ordre, dont s'accommodaient ces temps-là. Voilà ce qu'on croit, et voilà ce qu'on condamne. Car comment louer les fruits brillants ou agréables issus d'un tel état de choses ? La souffrance des petits ne crie-t-elle pas vengeance contre les pompes historiques du temps ? Chacun prend parti pour ceux-là.

Cette sorte de zèle est à la mode : je n'ai garde d'en blâmer le principe. De tout temps ce fut le droit des moralistes de remarquer les menues persécutions auxquelles les petits vivent exposés, de relever le contraste qu'il y a entre leur rude labeur et la facile opulence des grands. Mais de s'imaginer que l'impression de ce contraste doit dominer les jugements de l'histoire et les desseins de la politique, quelle erreur ! et combien l'illusion qui s'en repaît, le charlatanisme qui s'en aide, mérite peu de considération !

Cependant, on veut tout soumettre à cela. Au tableau des peines des petits, on joint pour soutenir ce parti le tableau de leur humiliation. Non content de revendiquer pour eux ce qu'il plaît d'appeler le bonheur, on s'indigne du peu d'honneur auquel leur condition les condamne. Je ne puis omettre de remarquer ici que cette sorte d'indignation était étrangère aux hommes de l'ancien régime.

Nul alors ne sentait de peine de l'infériorité de son rang ; les hiérarchies sociales semblaient naturelles. Le petit y rendait honneur au grand sans que l'idée lui vînt de s'en trouver humilié. Le grand ne songeait pas à l'en plaindre ; il ne s'extasiait pas sur le malheur qu'il y a à n'être ni si puissant, ni si magnifique, ni si savant qu'un autre ; les hommes dont c'était le partage, il n'imaginait pas de les appeler des *humbles*. Cette suprême aumône des *altiers* de ce temps-ci n'était pas plus reçue en grammaire qu'en morale : il a fallu, dans l'une et dans l'autre, de grandes révolutions pour la faire admettre.

Ne parlons donc pas, si nous voulons juger du contentement des petites classes en ce temps-là, des regrets que leur cause de nos jours la comparaison des plus élevées ; on ne trouverait pas un témoignage qui leur attribuât ces sentiments : ne parlons que de leurs moyens de vivre.

Or ces moyens n'étaient pas, comme on le croit, comme on le répète, comme on l'enseigne, au-dessous de ce qu'ils sont aujourd'hui, au-dessous du passable et du nécessaire ; ils étaient honnêtes et confortables.

Quelque étonnant que cela puisse paraître, on en trouvera la preuve dans ce chapitre. La prospérité du paysan fut grande sous l'ancien régime, dans les siècles qui précédèrent la Révolution comme dans le Moyen-Age ; celle de l'artisan était de même.

Il faut rappeler l'état florissant du royaume aux divers temps de notre histoire, sous Charles V et sous Charles VI avant la bataille d'Azincourt, à la fin du règne de Henri IV, au temps de Colbert, sous le règne de Louis XV presque entier. Alors les classes nobles et les bourgeoises jetaient un éclat sans pareil : non pas un de ces éclats qui précèdent la ruine, mais solide, mais soutenu d'une prospérité du commerce admirable, et d'une aisance de relations sociales que nous sommes loin de revoir aujourd'hui. La puissance de la bourgeoisie marchande par toute l'Europe est un trait unique de certaines de ces périodes. A Gand, au xve siècle, il semble que rien n'ait égalé la corporation des bouchers. Boucher à l'étal y était plus que chevalier ; les plus illustres d'entre eux y patronnent les arts, et entrent dans le conseil des princes. A Paris, cette puissance se rend tristement sensible à l'occasion des guerres civiles : la force du parti Bourguignon tint à la bourgeoisie de cette ville ; les bouchers encore y jouèrent un premier rôle.

A la campagne il en est de même. Des hommes dont toute la vie se passe à manier des chartes du Moyen-

Age, à remuer des contrats de fermage et des titres de propriété, n'omettent pas de dire qu'en aucun temps le paysan ne fut si heureux qu'alors. Toutes les monographies de province portent des témoignages approchants. Un érudit dont le caractère et la science composent une rare autorité, M. Delisle, auteur d'un célèbre mémoire sur la *Condition des Classes rurales en Normandie*, émerveillé lui-même des témoignages d'insigne richesse de cette province au Moyen-Age, exprime son sentiment général à cet égard en disant (le mémoire date de cinquante ans) qu' « un paysan d'alors visiterait sans grand étonnement beaucoup de nos fermes ». Chacun connaît le livre de M. Babeau sur *la Vie Rurale dans l'ancienne France*. Le résumé de cette vie offert dans ce livre, est la réfutation complète des erreurs répandues partout.

Cependant remarquons un point. C'est que, de nombreuses commodités manquant aux gens de ces temps-là, le paysan n'a pu en être pourvu plus que d'autres.

Nous faisons un cas extrême de ces commodités ; un certain progrès matériel nous fascine. L'accroissement de la population, partant des ressources en divers genres, l'accumulation de l'expérience, qui fait l'avancement de l'industrie, ont eu pour effet de rendre en plusieurs points le train de notre existence plus doux, d'en ôter d'ennuyeuses servitudes, d'y joindre des facilités que ne soupçonnaient pas les ancêtres. Je n'ai garde d'en nier l'avantage ; mais il faut le mettre à son rang. Gardons-nous de réduire à ce point notre philosophie de l'histoire, de n'imaginer avant le temps où furent produites ces inventions, que barbarie. Il suffit de remonter à vingt ans en arrière pour voir de grands changements accomplis en ce genre, qui font que nous nous demandons comment on a pu alors s'accommoder ; cependant le genre humain n'était pas diminué, le prix de la vie ne paraissait pas au-dessous de ce qu'il nous semble aujourd'hui. Assurons-nous qu'il en fut de même autrefois, malgré un état de l'industrie bien moins avancé encore. En tout temps il est aisé de voir que la dignité des sociétés et le rang qu'elles tiennent dans l'estime, est réglé sur tout autre chose que le perfectionnement des allumettes chimiques. Il suffit de regarder la gloire des anciens, Romains, Grecs, Égyptiens, chez qui l'industrie était à l'état d'enfance, d'imaginer le peu de commodité de la vie qu'on menait à Pompeïes au premier siècle de notre ère, au temps d'Auguste, d'Horace, de Pline, de Vitruve, d'Agrippa et de Germanicus. Cette réflexion doit ouvrir nos yeux et nous ôter d'un préjugé que l'américanisme moderne et les écoles professionnelles ont honteusement fortifié chez nous.

Un humoriste fort vanté en Amérique, Marc Twain, a fait un livre des aventures supposées d'un Yankee à la cour du roi Arthur. Tout le sel de cet ouvrage consiste dans l'étonnement mêlé de mépris qu'un habitant de Chicago ou de Minnéapolis ressent à la vue de cette cour et de tout ce dont on y a manqué. Le même ton de satire se voit dans le *Mondain* de Voltaire. En dépit de ce patronage, il faut avouer que rien n'est si grossier. Quelle niaiserie que de prendre en pitié la Chevalerie, parce qu'elle n'a point connu les carrosses à glaces ! Nous aurions beau jeu aujourd'hui pour rire de Voltaire lui-même, et des pauvres avantages qu'il vante.

Ah ! le bon temps que ce siècle *de fer* !

De fer, oui vraiment pour qui le compare au nôtre, et ne veut voir dans le monde que photographie et téléphone.

On a longtemps mangé sans fourchette, on a longtemps couché au lit sans chemise ; personne en cela ne conteste l'avantage des modernes ; mais il n'y a que des sots pour fonder là-dessus une philosophie de l'histoire. Au temps de François Ier, l'appartement d'un grand, du roi lui-même, comprenait trois pièces : la chambre, la salle et le cabinet ; il dormait dans l'une, mangeait dans l'autre, travaillait dans la troisième. C'était tout ce que le roi avait à Fontainebleau. Et quelles chambres ! mal tracées, incommodes, sans dégagement, sans lumière, du moins au jugement que les modernes en font. « Dieu nous préserve, disait Courier de Chambord, d'habiter une maison bâtie par le Primaticcio ! » Quand le président Carnot allait à Fontainebleau, il se gardait bien de loger dans les appartements du roi : il en choisissait de moins anciens et de plus commodes.

Le moindre amendement dans les distributions passait alors pour une merveille, tant on y avait peu d'exigence.

Cette pièce, écrit un guide de Fontainebleau au temps de la Régence, était autrefois une petite garde-robe très obscure, qui avait son entrée, comme tout l'appartement, par un passage étroit et sombre pratiqué dans le gros mur, près de la première porte du grand cabinet.... Mais Louis le Grand, *voulant embellir ce château*, et donner à son appartement une plus grande régularité, fit détruire en 1713 cette garde-robe, murer ce passage et ouvrir une fausse croisée qui était sous l'arcade où on voit son chiffre, et fit de cette antichambre une très jolie pièce, éclairée des deux côtés.

Au château de Dampierre près de Chevreuse, d'autres commodités sont décrites d'un air tout à fait triomphant. Il s'agit de l'île au bout de la pièce d'eau, où se trouvait, dit cette ancienne description, « quatre pavillons en bastion : deux servent de cabinets de conversation, un autre de cuisine et le quatrième de lieux à l'anglaise. »

C'est un sujet à ne s'épuiser jamais. Les livres de M. Alfred Franklin sur les mœurs d'autrefois permettent d'en varier l'aspect à l'infini. Dans des temps que nous voyons si faciles à charmer, et qui supportaient en tout genre des incommodités dont nous fe-rions cent plaintes, il ne faut pas s'étonner que les classes inférieures, subissant la condition commune, aient été en général moins bien logées qu'elles ne sont, qu'elles n'aient à quelques égards moins bien mangé. Les pauvres n'avaient garde d'échapper à ce dont les riches eux-mêmes devaient s'accommoder. Par exemple, ce fut longtemps un luxe que de garnir de vitres les fenêtres. Beaucoup de maisons des champs n'en avaient pas. Ce fait paraît n'avoir choqué personne : on en supportait l'inconvénient.

Ce qui fait dans le peuple la dignité de la vie, l'avantage d'une société sur l'autre, et, dans le sens le plus élevé du mot, le degré de *civilisation*, n'est aucune de ces sortes de causes ; outre la moralité proprement dite, il consiste dans la santé et dans l'allégresse de l'âme, dans des lumières générales sur le monde et sur les choses, dans une idée de la chose publique présente à chacun et sentie dans les intérêts particuliers. Tout cela suppose une culture des hautes classes, qu'accompagnent ordinairement un bon gouvernement et des lettres florissantes. Tout cela n'a que fort peu à faire de ce qu'on appelle les *inventions*, et du genre du progrès dont le degré se mesure dans les expositions universelles.

Or, que les paysans de France se soient trouvés dans l'état que je dis, c'est ce qui paraît à je ne sais combien de témoignages. Toute la littérature française en est garant. Les peintures qu'elle présente de cette classe sociale, la montrent en tous ces points au moins l'égale de ce qu'elle est aujourd'hui.

Le paysan qui paraît dans Rabelais, dans Lafontaine et dans Rousseau, son personnage chez Marivaux et chez Molière, n'ont rien qui démente ce que j'avance. Nous le voyons aussi dans les estampes : sa figure n'y est ni d'un misérable, ni d'une brute, ni d'un paria. Comparé à l'idée qui se prend par toutes ces sources, la réalité d'aujourd'hui, loin de l'emporter, a quelque chose de moins agréable, de moins net, de plus grossier. Les témoignages historiques proprement dits ne sont pas moins concluants à cet égard.

La détresse dont le passé rapporte le témoignage, les années de famine, sont l'exception : voilà ce dont il faut qu'on se persuade. Le tableau de la misère qu'elles offrent, a pour effet de frapper les imaginations ; des expressions violentes qu'on voit revenir sans cesse donnent une juste idée de cet effet et du compte que l'historien doit tenir du grossissement qui s'ensuit. A plusieurs reprises par exemple nous lisons que le paysan « mangea de l'herbe » ; il y a vingt ans, nous lisions cela de l'Italie contemporaine : mais quelle herbe ? Croit-on que des hommes l'aient broutée à la façon des bêtes, le long des routes ? Un degré de famine, qui les aura réduits à des salades grossières ramassées dans les champs, c'en est assez pour faire naître l'hyperbole. Je la tiens légitime en tant que telle, et ne demande pas mieux que d'en prendre l'idée d'une détresse excessive ; mais il y a bien de la différence avec le sens étroit dont on nous éblouit. Que si quelque chose de plus fut vu en ce genre, qu'on soit bien assuré que c'est par grande exception, dont la rareté en étonnant l'esprit, rend le rapport plus éclatant. Tel est l'effet de ce qu'on n'a jamais vu, et de ce qui paraît hors de gamme : on le grossit en paroles, on le répète sans cesse ; mais il faut être bien peu instruit des choses, et, comme dit La-bruyère, « ne pas entendre la figure », pour prendre cette répétition de mot pour la répétition des choses.

Quand Guy Patin en 1661 écrit (1) ceci : « Je pense que les Topinambous sont plus heureux dans leur barbarie que ne sont les paysans français d'aujourd'hui ; la récolte n'a pas été bonne », pense-t-on que cela signifie que la condition des vrais Topinambous fût meilleure que celle de nos campagnes, et quelqu'un ira-t-il écrire sérieusement qu'il valait mieux, selon ce témoignage, être sauvage aux Iles que Français ? Pour entendre le vrai de ces rapports, il me semble qu'il suffit de savoir en général comment les hommes s'expriment, comment nous-mêmes nous parlons tous les jours.

Que si l'on n'y veut pas songer, comment, je le de-

(1) Lettres, t. II, p. 245.

mande, s'expliquera-t-on d'autres témoignages où la figure ne joue aucun rôle cette fois ? par exemple qu'en 1787 des rapports certains (1) nous font voir dans l'étendue du département de l'Aube un cinquième seulement en moins de bêtes à cornes, que ce qu'il en compte aujourd'hui? Si l'on considère que ce cinquième au moins est aujourd'hui enlevé par l'exportation, et que la population y est plus nombreuse qu'alors, on sera obligé de conclure que la condition du paysan est moins bonne aujourd'hui qu'alors. M. Babeau, qui a particulièrement connu cette partie de la province française, fait observer qu'elle était loin de compter parmi les plus riches. Cependant on y voit dans le même temps des bourgs de sept cents à huit cents âmes en possession de trois et quatre bouchers.

Bien auparavant, en Normandie, des documents de la plus grande précision attestent que chez les paysans les moins aisés, la viande était mangée après la soupe deux fois par jour, au dîner et au souper. En 1684, un règlement dont nous avons le texte, prescrit de donner aux collecteurs d'impôts mis en prison, une livre de viande, vingt onces de pain et une pinte de vin par jour. Ces collecteurs étaient des paysans : sans doute on se réglait en cela sur ce qu'ils mangeaient chez eux à l'ordinaire. Ainsi la viande y tenait cette place. Cependant on a écrit partout que les

(1) Babeau, ouv. cit., p. 114.

paysans de l'ancien régime ne mangeaient presque jamais de viande.

Il faut compter que dans les provinces lointaines, à l'écart des grandes villes, le bon marché de la viande était grand à cette époque ; le paysan avait donc intérêt à la manger plus qu'à la vendre : Jouvin de Rochefort signale en basse Bretagne des veaux gras qu'on vendait trente sous. Ces traits suffisent quant à la subsistance.

Pour le logis, je vois qu'on fait état de ce que les paysans avaient des maisons « de boue ». Ici encore je demande quelle boue. L'usage de la terre pour bâtir est imposé en plusieurs endroits par le défaut de carrières et de terre à brique. Cet usage est bien loin d'être signe d'aucune misère. En Normandie, nombre de bâtisses servant de réserve et d'appentis ne sont faites que de pisé, c'est-à-dire que de boue. Le Beaujolais est couvert de maisons d'habitation bâties de la sorte, parfaitement propres, spacieuses et confortables. Au contraire, les pauvres villages de Savoie sont bâtis de pierre schisteuse et couverts d'ardoise. Ces différences ne donnent aucune indication de pauvreté ou de richesse.

Quant à la terre battue formant le sol des chambres, aux poutres basses où pendent les salaisons, au voisinage du bétail, j'ose dire que ces choses, remises dans leur milieu et à leur plan (au demeurant visibles aujourd'hui même en beaucoup de parties de la

France), ne font pas l'effet qu'on s'imagine. Il faut n'avoir imaginé les champs que du fond d'une arrière-boutique, pour pousser jusqu'à l'indignation l'étonnement que des hommes puissent vivre privés de planchers et de plafonds de plâtre. Le ridicule excès de cette prévention tient à l'empire pris par les romantiques sur l'imagination contemporaine. Rien ne fut plus bourgeois que cette école. Son ignorance des choses rurales allait jusqu'à l'extravagance. Nourrie dans les cafés de Paris, ne demandant son inspiration qu'aux grimaces d'un Moyen-Age absurde, évoqué par bravade au fond de ruelles sordides, toute à l'exaltation fantastique du laid, à l'illustration pédantesque des émotions ressenties chez de jeunes bourgeois avides, au contact de la vie des villes, aucune ne fut plus loin de s'intéresser aux champs. Ce qu'elle en étala ne fut que contre Boileau, auquel on tenait à reprocher de n'avoir pas dit *vache* pour *génisse*. Ils n'ont aimé que Paris, connu que Paris, vécu qu'à Paris. Le prix de la vie ne fut jamais à leurs yeux que le luxe que Paris donne, et que les plus gueux souhaitaient avec fureur. Le reste leur faisait horreur.

Les récriminations de ce point de vue sont faciles. Il n'y a presque pas un trait de la vie rurale qui ne mette en train la rage de récrimination d'un boutiquier de la pointe Saint-Eustache, logé dans un entresol sans air, respirant les détritus des halles, jouissant sous sa porte d'entrée d'une chevauchée du Parthénon en plâtre et de l'honneur de se faire tirer le cordon par un portier au fond d'un antre affreux. Seulement il est clair qu'en préférant son sort il n'obéit pas à un sentiment de nature, mais à l'illusion de l'habitude, ou au préjugé de la vanité.

Ceux que ce préjugé possède seront étonnés d'apprendre de quel mobilier la maison du paysan d'autrefois était fournie. Il semble qu'on s'y soit appliqué plus qu'au reste. Les pièces en sont solides et de bonne condition; chacun sait que les plus beaux se sont fait rechercher de nos jours. Bahuts, tables, chaises, lits, font honneur, dans les inventaires, à l'aisance du propriétaire : nappes et serviettes ne manquent pas, les lits de plume sont en abondance ; en Champagne, province pauvre, ils sont d'usage universel.

Dans les ménages les moins aisés, où le bois du lit est taillé à la serpe, on rencontre cependant la plume. Un trait curieux fait voir l'étendue de cet usage dans les villages des environs de Paris. Pendant les troubles de la Fronde, les bandes espagnoles pillèrent Sucy-en-Brie. Les paysans avaient retiré leur mobilier le plus précieux dans l'église. Comme les soldats en eurent forcé les portes, ils marchaient, dit la chronique, au milieu des lits éventrés et avaient de la plume jusqu'à mi-jambes.

Tout cela est loin de marquer la pauvreté. La vaisselle est anciennement de bois, puis de terre, puis d'étain, à mesure que l'industrie met ces matières plus propres à la portée des villageois. A la fin, on la voit de faïence et d'argenterie.

Pour le vêtement, les remarques qu'on peut faire sont les mêmes. Qu'on n'imagine pas ces paysans vêtus seulement de la laine de leurs troupeaux, filée dans les villages. Ceux de Champagne portent du drap d'Elbeuf, de Romorantin, de Vire : les ressources nécessaires pour acheter les produits des manufactures en renom ne leur manquaient pas, comme on voit. Le drap de Berg-op-Zoom en Hollande se montre aussi dans les inventaires, avec les étoffes dites de Londres et du Maroc, tissues ailleurs que dans le pays. A cet article comment éviter de joindre la mention des habits des femmes, dont ce qui subsiste dans nos provinces atteste à cet égard tant de magnificence ? La soie, l'argent et l'or éclatent dans ces costumes, que les générations se passaient les unes aux autres ; les bijoux, chez quelques-unes, y sont joints dans une abondance dont l'attirail d'une paysanne moderne, convertie aux modes de Paris, est loin de faire voir l'équivalent.

Tel est en résumé l'état du paysan d'ancien régime, dans ce qu'il comporte de plus matériel. Tous ces détails sont de source : des contrats de mariage, des titres de propriété, des inventaires, les versent en abondance, pêle-mêle et comme au hasard.

Dans la lettre morte de ces actes, qui ne visent en eux-mêmes à nulle apologie et dont l'intention terreà-terre met sous nos yeux l'allure commune des hommes et comme le simple train de l'histoire, la vérité revit d'une manière plus frappante que dans l'exposé le plus méthodique. Cette vérité fait honte à d'ineptes mensonges. Elle atteste la légèreté avec laquelle les Français ont donné dans le décri de leurs ancêtres

On a fondé ce décri sur quelques textes, tirés au hasard des auteurs, et qui se retrouvent cités partout.

Au nombre de ces textes, quoique peut-être on ne l'attende guère, je mettrai celui de Henri IV, quand il demandait, pour le plus pauvre des paysans, « la poule au pot » tous les dimanches. Ce qui vient d'être dit oblige de l'entendre au sens le plus restreint. Le paysan de France, nous l'avons vu, n'a pas eu besoin qu'on lui souhaitât de manger de la viande chaque dimanche. Ainsi le mot doit être rapporté à une époque particulière, appauvrie par les guerres civiles. Remarquons de plus qu'il s'agit de viande fraîche, qui n'exclut pas l'usage des conserves même alors. Enfin le Béarnais parlait pour tout le royaume, et l'on peut croire que le plus grand nombre des provinces avaient devancé le souhait royal.

On allègue avec cela les vers de Lafontaine, quand le paysan appelle la mort :

> Quel plaisir a-t-il eu depuis qu'il est au monde ?
> En est-il un plus pauvre en la machine ronde ?

Point de pain quelquefois et jamais de repos.
Sa femme, ses enfants, les soldats, les impôts,
Le créancier et la corvée
Lui font d'un malheureux la peinture achevée.

La plainte est forte ; mais ce n'est qu'une plainte. Pourquoi la croirions-nous fondée ? Les paysans ne sont pas seuls à se plaindre de la vie et à souhaiter la mort. Peignant ce souhait dans cette classe d'hommes, l'auteur y a représenté les soucis de sa profession : un marchand se fût plaint des risques du commerce et sans doute eût voulu mourir pour échapper à ses échéances ; en aurions-nous conclu que le négoce en ce temps-là fût impraticable ? Aussi bien, n'omettons pas ceci, que les plaintes des hommes sont de tous les temps, et que d'en trouver en un temps la peinture, ne saurait prouver que ce temps leur ait fourni plus de cause qu'un autre.

Le paysan de l'ancien régime s'est plaint, n'en doutons pas un seul moment ; il s'est plaint des difficultés que chacun de nous s'offense de trouver dans sa vie. Les plaintes du peuple sont mal pesées, elles comportent une grande abondance de paroles. En ce temps, les paysans se plaignaient de la milice : cependant elle ne prenait par an que six mille hommes dans toute la France ; ferons-nous attention à cette plainte ? Après ce que nous avons vu de la vie du paysan, ferons-nous attention à celles que Lafontaine nous a dépeintes ?

Aux noces d'un tyran tout le peuple en liesse
Noyait son souci dans les pots.

Pauvre peuple, dit-on, dont le souci avait besoin d'être noyé ! Je réponds : Heureux peuple qui boit et qu'on met en liesse ! Et l'un de ces arguments vaut l'autre.

Le Jardinier et son Seigneur a fait aussi quelque fortune. On dépeint comme abus de la chasse seigneuriale le ravage du pauvre jardin. C'est oublier que l'auteur le représente comme la punition de l'indiscrétion du jardinier, qui requiert l'assistance du seigneur contre un lièvre. Il est évident que tous ces textes sont lus sans la moindre critique, et même sans l'ombre d'intelligence.

Sur tous domine le passage des Paysans au livre des *Caractères* de Labruyère. L'occasion est bonne d'en parler et de régler une fois pour toutes le compte d'un morceau si célèbre, et qui a fait écrire tant de sottises. Le voici :

L'on voit certains animaux farouches, des mâles et des femelles, répandus par la campagne, noirs, livides et tout brûlés de soleil, attachés à la terre qu'ils fouillent et qu'ils remuent avec une opiniâtreté invincible ; ils ont comme une voix articulée, et quand ils se lèvent sur leurs pieds, ils montrent une face humaine, et en effet ils sont des hommes ; ils se retirent la nuit dans des tanières, où ils vivent de pain noir, d'eau et de racines : ils épargnent aux autres hommes la peine de semer, de labourer et recueillir pour vivre, et méritent ainsi de ne pas manquer de ce pain qu'ils ont semé.

Il y a dans ce portrait trois choses.

Premièrement, des faits : Le paysan est *répandu par la campagne.*

Le paysan est *noir, livide et brûlé de soleil.*

Le paysan est *attaché à la terre.*

Le paysan *fouille* la terre.

Le paysan *remue* la terre *avec une opiniâtreté invincible.*

Le paysan *vit de pain noir, d'eau et de racines.*

En second lieu, des épithètes : Le paysan ressemble à des *animaux farouches, mâles et femelles.*

Le paysan *se retire dans des tanières.*

En troisième lieu, des contrastes : Le paysan n'en a pas moins *comme une voix articulée*, et n'en montre pas moins *une face humaine.*

Le paysan *épargne aux autres hommes la peine de semer, de labourer et de recueillir.*

Le paysan *mérite ainsi de ne pas manquer de ce pain qu'il a semé.*

Cette liste ainsi rangée épuise le portrait. Elle ne contient rien qui ne s'y trouve ; elle n'en omet pas un détail. On nous assure que ce portrait fait le procès de l'ancien régime ; il faut donc que les régimes nouveaux nous en fournissent un autre qui s'en distingue avec avantage. Ainsi, ce qu'on exigera du paysan moderne issu de la Révolution, c'est :

Quant aux faits, que des faits contraires à ceux qui

viennent d'être rapportés, composent effectivement son portrait;

Quant aux épithètes, que le peintre de mœurs ne puisse plus songer à employer celles-là;

Quant aux contrastes, que la satire sociale trouve ceux qu'on vient de lire désormais fades et sans application.

Prenons les faits pour commencer. Ceux que Labruyère rapporte ont-ils fait place à des faits effectivement contraires?

Le paysan a-t-il cessé d'être *répandu par la campagne?* Le paysan n'est-il plus *noir, livide et brûlé de soleil?* Le paysan n'est-il plus *attaché à la terre?* Le paysan ne *fouille-t-il* plus *la terre?* Le paysan ne remue-t-il plus *la terre avec une opiniâtreté invincible?* S'il est vrai que le paysan ne saurait plus passer pour vivre de *pain noir*, *d'eau* et de légumes (que la langue oratoire ancienne nomme *racines*), son ordinaire, qui ne s'est amendé qu'en même temps que s'amendait l'ordinaire de toute la France et de l'Europe (compris les bourgeois et les grands), n'est-il pas toujours à la même distance de celui des classes plus aisées : de sorte qu'on pourrait, en ne changeant que les mots, conserver pour le moins une proportion pareille? Les gens instruits de ce que mangeaient nos pères avoueront même que la distance est plus grande.

A toutes ces questions, les faits répondent que oui.

Donc toute cette partie du portrait ne saurait composer de blâme à l'ancien régime, qui ne tombât aussi bien sur le moderne, puisqu'elle peint le moderne aussi bien que l'ancien.

Les épithètes maintenant.

Un peintre de mœurs qui voudra opposer la vie austère, laborieuse et pénible du paysan à l'élégance et au divertissement des villes, n'aura-t-il plus le moyen d'appeler, par une hyperbole méditée, le paysan d'aujourd'hui *animal farouche* (c'est-à-dire solitaire) *mâle et femelle* ? S'il compare le logis de la bourgeoisie aisée à la maison de nos paysans, l'idée ne pourra-t-elle lui venir de traiter celle-ci de *tanière* ?

A cette question, un exact sentiment des figures et du pittoresque suffit, pour répondre de la même manière. Donc Labruyère, en parlant comme il fait, ne dit rien qui soit propre et exclusif à l'ancien régime. Les éléments de sa peinture durent toujours.

En troisième lieu et enfin, les contrastes. N'est-ce pas un contraste toujours frappant et émouvant, qu'une vie si rude que celle qu'on mène aux champs soit celle d'un homme, et que des êtres pareils à nous de voix et de visage comme de pensée, la mènent ? N'est-il pas touchant que ces hommes nous épargnent la peine de semer le pain, dont le monde ne se passe point ? N'est-ce pas aujourd'hui et toujours la même matière de réflexion, que celui qui donne le pain aux autres, ne tire que de la peine extrême qu'il y prend, le droit de ne pas en manquer ?

Oui encore, oui toujours. En sorte que ce passage ne contient que des choses éternelles, dont une apologie du moderne régime ne saurait jamais rien tirer.

Sa fin explique son commencement. La réflexion tend à ceci. Il faut du pain aux hommes : la vie des villes ne se passe point de cette nourriture : cependant, on ne la tire du sol qu'au prix d'un labeur si rude qu'à peine le citadin trouve-t-il figure d'homme à celui qui en prend le soin, composant son maigre gagne-pain de l'entretien du genre humain. Là-dessus les couleurs sombres viennent naturellement : *L'on voit certains animaux farouches...* Mais ces couleurs ne sont que des couleurs, une mise au point conforme à la pensée de l'auteur, toute au contraste que j'ai marqué. Venant à la matière même de ses allégations, on n'y découvre rien qui ne se trouve aujourd'hui sous nos yeux. Labruyère reviendrait au monde, qu'il ne pourrait que refaire la même peinture. Cela tranche l'interprétation.

Que si quelqu'un en doute, je lui propose ceci. Au chapitre des enfants, le même Labruyère écrit : « Les enfants sont hautains, dédaigneux, colères, envieux, curieux, intéressés, paresseux, volages, timides, intempérants, menteurs, dissimulés, ils crient et pleurent facilement, etc. ; ils sont déjà des hommes. » Dira-t-on que ceci peint le temps, et fait la preuve que tous ces vices étaient alors chez les enfants? Rien moins. C'est que, de toute évidence, ce texte n'est pas historique, mais moral. Ainsi de celui des paysans. Il est moral, non politique.

Une autre objection moins populaire vient du Journal de d'Argenson. Taine le cite avec abondance, et l'on y trouve à profusion des traits de misère du peuple au temps de Louis XV. Mon intention n'est pas de prendre un à un ces textes et d'en chercher l'application exacte. Il suffira de remarquer premièrement qu'on ne les voit revenir qu'aux années de disette, soit en 1710, aux environs de 1739, en 1750 et en 1788. La disette de cette dernière année est célèbre pour avoir aidé la Révolution. En second lieu, il ne faut pas omettre que d'Argenson détestait le contrôleur Orry, et qu'il n'a pas cessé de prendre dans ces critiques ses avantages contre ce contrôleur et contre le cardinal Fleury, qu'il détestait tout autant. D'Argenson appartient à la lignée de ces parlementaires jansénistes, mécontents des ministres, pleins d'un fond de chagrin et d'aigreur qui leur fait outrer les critiques et se poser en censeurs de toute la monarchie.

Quant aux disettes elle-mêmes, on ne les conteste pas. Elles n'étaient la faute de personne. Elles sévissaient dans toute l'Europe, et dans plusieurs contrées bien plus cruellement qu'en France. En 1681 et en

1687, on en avait déjà vu de semblables. C'est alors qu'il fallait recourir tantôt au pain d'orge ou d'avoine, tantôt au pain de fougère, pire encore. Ces désordres tenaient à la difficulté des communications, aux droits d'entrée que percevaient les provinces, à la pratique multipliée des jachères. Nulle part on ne voit que l'oppression en fût cause.

On s'est beaucoup servi du célèbre voyage d'Young pour dépeindre les campagnes françaises à la veille de la Révolution. Taine en particulier en fait usage. Mais je ne vois pas d'abus de textes comparable à celui qui se fait de ceux-là.

Un texte n'est rien, ne cessons pas de le dire. *Tous les textes*, disait Fustel. C'est que *tous* les textes servent à comprendre *chaque* texte, et qu'il n'y a pas, en histoire plus qu'ailleurs, d'analyse que la synthèse n'accompagne et ne guide. Qui souhaitera de tirer du voyage d'Young, non des armes de polémique, mais le tableau de la vérité, devra tenir compte de plusieurs choses.

Premièrement de la disposition d'un voyageur, naturellement enclin à remarquer de très petites choses, auxquelles il accorde une immense importance. Selon l'humeur et le préjugé, il interprète celles-ci tantôt en mal, tantôt en bien, mais toujours sans mesure. Par exemple, Young ne peut supporter de voir arracher l'herbe à la main.

Des femmes, dit-il, que l'on voit dans le bois, arrachant à la main l'herbe pour nourrir leurs vaches, donnent au pays un air de pauvreté (1).

Il faut croire que cela ne se voyait nulle part en Angleterre, et que les habitudes apportées de ce pays rendaient la chose extrêmement choquante. Il y revient en un autre endroit (2). De même les Anglais ont toujours regardé comme un comble de misère les sabots du paysan de France. Ils les mettaient avec le papisme, dont ils priaient Dieu de les délivrer : *from popery and wooden shoes.*

Young témoigne d'autres impatiences, qui à nos yeux ne sont pas mieux fondées. Un passant l'importune de sots propos ; aussitôt le voyageur de prendre feu contre les fâcheux de France. Celui-ci s'étonne qu'Young soit Anglais et qu'il vienne d'Angleterre. Quelle ignorance ! dit Young. Quelqu'un lui demande s'il y a des rivières dans son pays :

Cette ignorance incroyable, écrit à ce propos le voyageur, quand on la compare aux lumières si universellement répandues en Angleterre, doit être attribuée comme tout le reste au gouvernement (3).

Cette réflexion et d'autres du même genre donnent une faible idée du jugement et même des talents d'observation de l'auteur. On ne le trouve pas moins entiché, dans ce qu'il ajoute partout de la saleté de la

(1) *Voyages en France*, trad. Lesage, t. I, p. 8.
(2) Même ouv., t. I, p. 32.
(3) Ouv. cit., t. I, p. 65.

France. « Les écuries de France, espèce de tas de fumier couverts » ; d'autres endroits encore, qui seraient, dit-il, « le purgatoire d'un porc anglais », sont chez lui l'expression de la vanité nationale, au moins autant que des choses elles-mêmes.

Sur le boire et le manger, mêmes comparaisons, qui dérobent en partie la réalité.

Le peuple d'ici (de Bordeaux), comme le Français en général, mange peu de viande. A Leyrac on ne tue que cinq bœufs par an : *dans une ville anglaise de même importance*, il en faudrait deux ou trois par semaine (1).

Tel est l'effet visible chez Young de l'erreur naturelle d'un voyageur. Il faut joindre en second lieu celui du préjugé anglais contre la France, concernant l'oppression du gouvernement, la mauvaise culture des terres, la vie chiche qu'on mène chez les Français.

L'effet naturel de ces préjugés, chez un voyageur de passage, c'est que la moindre chose le confirme. Dans ce qui précède, nous avons vu l'écho des caricatures d'outre-Manche, qui représentaient alors les Français sous les traits d'un peuple affamé, mangeur de chats et de grenouilles.

Quelquefois le contraste que fait la vérité a pour effet d'exalter le préjugé :

Si les Français, dit notre Anglais, *n'ont* pas d'*agriculture* à nous montrer, ils ont des routes. Rien de plus magnifique ni de mieux tenu... Tout le chemin à partir de la mer est merveilleux : c'est

(1) Ouv. cit., t. I, p. 78.

une large chaussée aplanissant les montagnes au niveau des vallées (1).

Là-dessus, quelle réflexion va-t-il faire ?

Elle m'eût rempli d'admiration, *si je n'eusse rien su* de ces abominables corvées qui me font plaindre les malheureux cultivateurs auxquels le travail forcé a arraché cette magnificence.

Si je n'eusse su : je ne pense pas que personne ose rapporter cela comme un trait de l'observation. Ailleurs, présentant ce qu'il *voit* et ce qu'il *sait* dans un raccourci instructif, il écrit :

Les magnifiques ponts et les chaussées ne *prouvent* que l'oppression du gouvernement (2).

Enfin comptons les préjugés qui tiennent aux lectures préparatoires, saisissables ou avouées en plusieurs endroits.

La lecture de Voltaire se sent dans tout le livre. Arrive-t-il à Versailles, on voit reparaître chez Young les propres critiques de cet auteur concernant le château en un endroit de ses œuvres particulièrement intéressant pour un Anglais, celui du *Traité sur le Poëme épique*, où il juge le *Paradis* de Milton. On ne peut avoir lu le *Siècle de Louis XIV*, sans être légèrement assommé du nom de plusieurs manufacturiers, entre autres de Van Robais, drapier, établi à Abbeville : à peine Young a-t-il mis le pied dans cette ville,

(1) Ouv. cit., t. I, p. 7.

(2) Ouv. cit., t. I, p. 69. Autre exemple, p. 57.

qu'il nous entretient de Van Robais. Ainsi du reste.

Tous les livres français lus de son temps ont fait impression sur lui. Il appelle Turgot l' « ami de l'humanité »; la connaissance qu'il a des mérites de ce ministre, vient de la biographie de Condorcet. Rousseau, dont on connaît l'influence sur son imagination, l'occupe surtout de ses souvenirs : il s'attendrit sur les Charmettes.

Tous ces traits, par où s'atteste l'empreinte des écrivains ennemis de l'ancien régime, imbus eux-mêmes des préjugés que l'influence ennemie de l'Angleterre développait depuis cinquante ans chez nous, doivent achever de nous mettre en garde. Unis au reste, ils servent à faire entendre de quelle manière la France put être jugée par Young, et les corrections que comporte son témoignage.

La confiance que plusieurs auteurs y ont mise ne saurait se justifier après toutes ces remarques. Elle ne le saurait, si l'on considère de quelle façon inexacte d'autres Anglais ont jugé la France dans un temps que nous connaissons bien, car c'est le nôtre. Dans un article de la *Contemporary Review*, sur les *Paysans propriétaires en France*, Lady Verney nous fait de ceux-ci une peinture où on les voit accablés de travail, mangeant rarement de la viande, buvant seulement le petit lait de leurs vaches et vivant dans une complète saleté. Les observations de cette dame sont prises de la Savoie, du Lyonnais et de la Bourgogne;

et elle les écrivait en 1881. Cela peut servir de mesure au fond que nous devons faire sur ces sortes de rapports hâtifs, incompétents et tendancieux.

Mais que dira-t-on si, malgré tout cela, le voyage de Young, pris dans son entier et non dans des extraits intéressés, ne laisse pas de donner de la France une impression favorable ? Telle est la vérité cependant. Les détails fâcheux y sont aigrement relevés par nos censeurs ; cependant les faits favorables abondent. Voici quelques exemples de ceux-là :

Grandes irrigations à Saint-Laurent ; paysage d'un grand intérêt pour le fermier. Depuis Garges jusqu'à la rude montagne que j'ai traversée, la course a été la plus intéressante que j'aie faite en France ; les efforts de l'industrie les plus vigoureux, le travail le plus animé. Il y a ici une activité qui a balayé devant elle toutes les difficultés, et revêtu les rochers de verdure (1).

Par une contradiction frappante avec ce qu'il dit ailleurs de la frugalité de nos concitoyens, on le voit, après les routes de France, louer la table de nos auberges, le nombre des plats qu'elles donnent et leur variété. « Le dessert d'une auberge de France, dit-il, n'a pas de rival en Angleterre. » Sur le coucher pareillement : « Les lits de France surpassent les nôtres, qui ne sont bons que dans les premiers hôtels. » Notez aussi la comparaison suivante, qu'on doit croire arrachée à l'orgueil national par un contentement des plus vifs :

(1) Ouv. cit., t. I, p. 63.

Nous avons été mieux traités pour la nourriture et la boisson, que nous ne l'eussions été en allant de Londres aux Highlands d'Écosse, pour le double du prix (1).

Tout cela peut servir de réponse à bien des reproches ignorants et aveugles auxquels les Français se montrent enclins envers eux-mêmes. Il faudrait y joindre les extraits du voyage d'un autre Anglais, qu'on n'a guère cité, parce qu'il n'a paru imprimé que récemment et qu'il n'y en a pas de traduction. Ce sont les *Lettres de France* de Rigby, publiées par Lady Eastlake en 1880. Ces lettres sont un tissu de louanges à l'adresse de notre pays. Venant à la veille de la Révolution, elles composent la plus fameuse défense qu'on puisse voir de l'état de la France rurale à cette époque, et l'on ne peut que souhaiter de les voir mettre en français avec un bon commentaire. J'en donnerai cet échantillon :

Nous avons vu les scènes les plus agréables au passage, le soir d'avant notre arrivée à Lille. De petites compagnies assises devant les portes, parmi les hommes les uns fumant, les autres jouant aux cartes en plein air, les autres filant le coton. Tout ce que nous voyons porte les marques de l'industrie, et tous ces gens semblent heureux. Il est vrai que nous voyons peu de signes de l'opulence particulière, nous ne voyons pas autant de résidences de nobles qu'en Angleterre ; mais aussi nous avons vu peu de gens en haillons livrés à l'oisiveté et à la misère. Quels étranges préjugés nous sommes sujets à prendre en ce qui concerne les étrangers ! J'avoue que je croyais que les Français étaient une nation frivole et insignifiante, qu'ils étaient d'apparence chétive,

(1) Ouv. cit., t. I, p. 41.

vivaient dans un état de misère causé par l'oppression qu'ils subissaient. Ce que nous venons de voir contredit tout cela. Les hommes sont forts et de nature robuste, et l'aspect du pays témoigne que le travail n'est pas ralenti. Les femmes également (je parle des basses classes) sont vigoureuses et bien faites ; on devine qu'elles font beaucoup de besogne, principalement à la campagne... Les paysannes d'Angleterre ne font pas si bonne impression, et il est sûr qu'elles ont l'air moins contentes. Ces femmes, avec leurs grands et lourds paniers au dos, ont sur la tête de bons bonnets, les cheveux poudrés, des boucles d'oreille, des colliers et des croix. Je suis excessivement frappé de la merveilleuse différence qu'il y a entre ce pays-ci et l'Angleterre. Je ne sais ce que nous en penserons ensuite; pour le moment, la différence est en faveur de ce peuple-ci. S'ils ne sont pas heureux, ils ont bien l'air de l'être.

La revue des éloges tirés de l'étranger n'a tenté jusqu'ici que peu d'auteurs. Des tendances trop communes les en ont détournés. On y trouverait pourtant quelques beaux traits, venant de l'Allemagne principalement. Par exemple, Jodocus Sincerus, citoyen de ce pays, qui voyageait en France au commencement du XVIIe siècle, écrit avec admiration :

Si l'on consommait en un an dans les autres pays le même nombre de chapons, de poules et de poulets qu'on fait disparaître ici en un jour, il serait à craindre que l'espèce n'en pérît.

Voilà le témoignage d'un peuple qu'un siècle d'exaltation systématique n'avait pas mis en possession de se proclamer le premier du monde pour le bien-être, et qui rendait naïvement l'impression ressentie par l'Europe entière de la prospérité de la France.

J'ajouterai quelques mots de l'état des lumières, qui n'est pas étranger à ce sujet. Il ne faut pas qu'un Français de ce temps-ci ignore qu'au moment de la Révolution, toutes les paroisses, presque d'un bout de la France à l'autre, avaient leur école. Tel était le progrès de l'enseignement populaire ; jusque dans les villages, les études avaient chance de pouvoir se pousser fort loin. Le savant Mabillon y avait fait les siennes.

Tous les documents attestent que l'instruction primaire y était reçue de moins de gens qu'à présent, mais qu'en revanche un bien plus grand nombre de campagnards y accédaient aux études secondaires. Il est remarquable de voir que l'Oratoire du Mans, en 1688, au milieu du règne de Louis XIV, dans ses classes de seconde et de troisième, ne comptait pas moins de quarante-deux fils de fermiers, de laboureurs et de paysans. Notre enseignement classique, nos lycées même, sont loin aujourd'hui de cette proportion-là.

Tel est le tableau de l'ancienne France dans ses classes les moins élevées. On peut juger de l'honneur et de la reconnaissance que l'ancien régime mérite d'en retirer. Il est vrai que des événements récents, dont l'histoire des origines de la Révolution fait mention, offusquent cette vue générale. L'année 1788 se place comme un paravent au devant de ces glorieuses perspectives. C'est l'année de la grande disette, dont la peinture mêlée dans le récit de circonstances si graves, laisse au lecteur une impression de l'ancien régime tout entier.

Les ennemis de celui-ci ont tiré de cet effet tout ce qui se peut de mieux ordonné à la falsification de l'histoire. Dans le temps même, cette famine leur fut du plus grand secours. Young, qui reparut en France alors, en porte le naïf témoignage :

> Il me paraît clair, dit cet auteur, que les violents amis des communes ne sont pas mécontents de cette cherté (des vivres) qui seconde grandement leurs vues, et leur rend un appel aux passions du peuple plus facile que si le marché était bas (1).

Voilà constatées *de visu* les menées révolutionnaires. Elles n'auront rien qui nous étonne. Elles se sont poursuivies, l'événement passé, sur le terrain de l'histoire. La même duperie qui aida à faire la Révolution, n'a pas cessé de servir à la justifier.

On vient de voir ce qu'il en faut croire. Aussi bien, quant à cet état récent des populations de la campagne, à qui fera-t-on croire qu'il était misérable, quand on voit l'endurance physique des armées de la Révolution, si grande qu'elle a fait en son temps l'étonnement de l'Europe, et qu'elle fait encore celui de l'histoire ? Était-ce là l'effet de famines dont on assure que la dernière avait, par sa seule violence, soulevé tout le pays et balayé les rois ?

(1) p. 185.

CHAPITRE XV

LA LETTRE DE CACHET, LES LIBERTÉS ANGLAISES.

J'appelle du nom de libertés anglaises, des libertés que le préjugé représente comme essentiellement violées par l'ancien droit public français, et dont le régime anglais a passé depuis Voltaire pour le modèle accompli.

Je voudrais dire liberté individuelle ; mais ce mot, dans les programmes politiques, se présente avec un air de menace anarchique, et, dans les cours de philosophie, au milieu d'indébrouillables nuages. On nous le définit un droit d'aller et de venir sans être inquiété, de posséder son corps ; mais quoi ? Cette liberté ne saurait être distinguée de celle des actes que règlent et autorisent les lois particulières. La liberté d'aller et de venir, si c'est à l'église, est nommée liberté des cultes ; la liberté de porter son corps, si c'est à l'école, qu'est-ce autre chose que la liberté d'enseignement ? Ainsi, si l'on admet des lois particulières qui fixent ou restreignent ces diverses libertés, la liberté individuelle n'est qu'un mot. C'est un grand avantage pour notre République, de qui la principale affaire est, sous le couvert d'une liberté de principe, de régner (comme règne un parti) par la suppression de toutes les libertés de fait. Quel avantage, dis-je, en pareil cas, qu'un nom sous lequel il est convenu que la liberté demeure inviolable, tandis que les différentes espèces de libertés sont ôtées en détail sous des noms spécifiés !

Liberté d'*aller et de venir*. Là-dessus, mille de nos contemporains se figurent qu'un Français de l'ancien régime ne pouvait sortir de chez soi sans risquer au bout de dix pas d'être saisi et jeté à la Bastille. Ce tableau ridicule est celui qu'on présente des conditions de la vie de tous les jours alors. Disons donc libertés anglaises ; ce mot restreint l'application et permet de se faire une idée raisonnable d'une société privée de ces libertés. Toute la question est celle de la prison préventive, ou, parlant plus généralement, de toute action étrangère aux formes régulières de la justice.

Des lois minutieuses ponctuellement obéies règlent cette matière chez nos voisins, elles sont anciennes dans leurs institutions ; en France, il n'en allait pas de même : des pratiques étrangères d'une part à la procédure judiciaire, réglées d'autre part par la coutume seulement (non par aucun édit ou ordonnance publique), disposaient en plusieurs occasions de la liberté des citoyens. Sans une sentence de juge on allait en prison, et ce qui réglait en ce cas la durée de la prison n'était aucune sentence lue devant un tribunal, mais la décision prise par certains magistrats, agissant souverainement au nom du roi. L'instrument d'une action pareille était la lettre de cachet, célèbre dans l'histoire de la Révolution. Quelques lettres de cachet menaient à la Bastille. Ainsi ces deux noms furent unis dans la peur et dans la haine. On crut se venger de celle-là en détruisant celle-ci. La suppression de toutes deux sauva la liberté, la liberté individuelle, la liberté dont les auteurs anglais et les français instruits à leur école, rebattaient les oreilles de la France et de l'Europe depuis cinquante ans.

Les derniers éclats de ce grand tapage durent encore dans la mémoire des modernes. C'étaient les Mémoires de Linguet sur la Bastille, parus en 1783, et le fameux pamphlet de Mirabeau, lequel, mis en prison sur la demande de son père compromis par ses sottises, figure, en cette veille des dernières catastrophes, comme le digne héraut d'une si noble revanche.

Tant de bruit, ordonné à des effets si nets, explique le retentissement du médiocre événement que le 14 juillet consomma. En soi, la prise de la Bastille était peu de chose ; cette prison ne servait presque plus ; le peu de résistance qu'elle offrit ôtait au peuple la matière d'une victoire. Mais elle représentait la lettre de cachet, les arrestations préventives, l'emprisonnement sans jugement ; ces choses rappelaient à la mémoire des hommes trente ans d'un déchaînement inouï de violences et de calomnies. En un moment, l'Europe apprit que ces violences avaient réussi. Un fait d'émeute les couronnait ; les trônes s'en sentirent ébranlés ; dans Koenigsberg le bonhomme Kant en changea sa promenade quotidienne. A Paris, où l'objet matériel frappait les yeux, on aperçut moins le symbole, et l'événement parut moins grand. Il l'était par l'idée que s'en faisaient les hommes, et que l'histoire jacobine, perpétuant la gageure, a eu depuis le talent de conserver et même d'agrandir.

Qu'était-ce que la lettre de cachet? Un ordre direct du roi, dont l'effet n'exigeait aucune des transmissions et des procédures ordinaires, et se faisait sentir aussitôt. Les modernes s'étonnent volontiers qu'une telle intervention de la volonté royale ait été supportée ; l'habitude où ils sont de voir s'exercer le pouvoir moyennant toutes sortes de formalités, leur fait trouver choquant qu'elles manquent ici. Peut-être cette impression sera-t-elle corrigée par le tableau des procédés de la justice à cette époque.

L'emploi de la lettre de cachet s'observait premièrement dans la procédure criminelle. Les formes de cette procédure étaient lentes et compliquées.

Qu'on en juge. Excepté le cas de flagrant délit, aucune arrestation ne pouvait être ordonnée que par décret de prise de corps; ce décret n'était prononcé qu'après information; pour amener les témoins nécessaires à celle-ci, une assignation était requise, laquelle à son tour n'était possible qu'après permission d'informer; cette permission n'était donnée qu'après que le juge avait rendu plainte. Rien, comme on voit, n'était plus long, et ne favorisait davantage l'impunité. On coupait donc court par la lettre de cachet, cet ordre du roi ayant pour effet de surseoir à toutes formalités. De cette façon, celui qu'on soupçonnait était arrêté sur-le-champ.

Tel était en la circonstance l'effet de la lettre de cachet : par elle, le prévenu se trouvait mis à la disposition du juge. On peut s'offenser de cela, on peut plaider la cause du prévenu contre le système de la prison préventive; on peut réclamer le régime anglais, et recommencer là-dessus le procès dont les échos violents n'ont pas cessé de nous assourdir; ce qu'on ne saurait, c'est donner en exemple ce qui s'est pratiqué depuis quatre-vingt-neuf, et qui se pratique encore aujourd'hui. En effet, le régime qu'on vient de dire dure encore : le droit du juge à s'assurer d'abord de la personne du prévenu est justement le système qu'on suit de nos jours, auquel les Français d'à présent, émancipés de la lettre de cachet, sont soumis.

On avouera que le mot ne fait rien à la chose. Ce qui s'appelait lettre de cachet s'appelle *mandat d'amener*: c'est toute la différence. Ceci n'est pas un paradoxe :

on peut défier le plus zélé défenseur du régime moderne contre l'ancien d'y en trouver d'autre. Le mandat d'amener part d'un dessein pareil à celui de la lettre de cachet ; il opère les mêmes effets ; il est par sa nature sujet aux mêmes abus. Si l'on doutait de ce dernier point, il ne faudrait que rappeler ce qui se lit tous les jours dans les journaux, des tracas et des dommages encourus par les prévenus dans quelque affaire : on sait peut-être qu'aucune réparation ne leur est due, suivant nos codes, en pareil cas. Ceux que ce sujet intéresse pourront lire la brochure récente d'un avocat, M. Coulon, *de l'Inconvénient devant la Justice française de faire éclater son innocence avant le moment opportun.*

Toute la différence, que je veux signaler, c'est que sous l'ancien régime la lettre de cachet n'étant décernée qu'en certains cas, l'inconvénient ne risquait de se produire que dans quelques procès seulement, tandis que de nos jours ce risque a lieu dans tous. Le régime d'exception de la lettre de cachet pris comme procédure régulière et étendue à tous les cas : telle est proprement l'œuvre de la Révolution. Tel est le profit qu'elle nous offre. Je prie qu'on remarque de plus qu'en ceci comme en toute chose, le caractère d'exception ôté, les abus se rendent plus faciles : étant plus naturel à l'homme d'abuser d'un moyen auquel on lui donne droit, que de celui dont il dispose par permission spéciale seulement.

Ainsi tout ce qu'on débite sur la lettre de cachet, si l'on ne considère que cet usage, ne fait le procès de l'ancien régime qu'à condition d'y comprendre le nouveau, et même d'y compromettre celui-ci davantage.

Maintenant c'est une erreur de croire que le plus grand nombre des lettres de cachet ait été décerné pour des affaires d'État. Les jacobins, au nom de la raison d'État, ont couvert la France d'échafauds : la sombre imagination de ces gens-là se plaît à supposer le même cas à toutes les pages de l'histoire.

Il y est au contraire assez rare. Ils se figurent la monarchie aux prises avec des difficultés du même genre que celles qu'ils éprouvèrent : mais il y a bien de la différence entre les conditions d'un régime doublement condamné comme contraire à l'histoire et à la nature des hommes, et les conditions de celui qui se conformait à l'une et à l'autre. Le fait est que la lettre de cachet décernée pour raison d'État est un cas fort rare de l'ancienne monarchie.

M. Funck-Brentano a donné une parfaite étude de la question (1). Les archives de la Bastille remuées par lui à l'Arsenal en ont fourni l'argument décisif. *Deux ou trois sur mille*, telle est la proportion dans laquelle il assure que furent les lettres de cachet décernées pour raison d'État. Telle est la proportion infime dont est sorti le grand tapage que nous savons.

(1) *Revue des Deux Mondes*, 15 octobre 1892.

Le bon est de voir une fois de plus en cette affaire de quelle manière le nom du peuple sert de prétexte aux récriminations démocratiques. Dans un si petit nombre de cas, je le demande, combien de fois le peuple fut-il concerné ? Une pluie de lettres de cachet aurait seule eu pour résultat d'en faire aboutir quelques-unes jusque dans les basses classes de la société : ce peu ne tombait que sur des sommets, ou en des endroits si particuliers que personne dans la foule n'en pouvait prendre ombrage. Quelques écrivains eurent à s'en plaindre. Ils persuadèrent aux foules que c'était là leur affaire. Les foules les crurent, et, ce qui est mieux encore, des conservateurs distingués de ce temps-ci le croient comme elles. Dur comme fer, dis-je, ils croient que la démocratie est la cause du peuple ; oserai-je dire qu'elle n'est que celle des déclassés et des pédants ?

Dans la procédure criminelle ordinaire, une fois la lettre de cachet obéie, les juges n'en continuaient pas moins de suivre les formes du procès et de poursuivre la prise de corps. Le décret régulier de prise de corps obtenu, l'ordre du roi était levé, l'effet de la lettre de cachet était fini. Tout ceci est conforme à ce qu'on a lu plus haut. Ces lettres n'avaient d'objet que de pourvoir à la lenteur des formalités ; à cet égard même, on évitait qu'elles ne remplaçassent la justice régulière. Celle-ci d'elle-même les annulait, ne leur laissant, dans l'opinion des hommes comme en fait, que le caractère d'instrument provisoire. Tel est l'un des emplois, parfaitement légitime, louable à plusieurs égards, qu'on faisait de ces lettres.

Elles servaient à un autre usage encore, duquel il faut maintenant parler. Il est excessivement différent du premier. Ce qu'on va lire y fera voir l'un des traits les plus originaux, les plus intéressants, presque les plus touchants de l'histoire des mœurs d'autrefois.

Outre l'aide que j'ai dit qu'elles apportaient à l'exercice de la justice régulière, les lettres de cachet donc étaient en certains cas substituées à toute procédure. Elles décidaient de la prison, non en l'attente de quelque décret, mais absolument, et sans autre garant que les règles qui servaient à les obtenir et à en maintenir l'effet.

L'administration seule disposait de ces cas-là : nul tribunal n'y était mêlé, ils appartenaient à la police. Qu'un sujet du roi fût convaincu de faits punissables de prison, que des intérêts graves joints à cette conviction rendissent la promptitude et le secret désirables, la lettre de cachet donnait au magistrat le moyen d'y procéder sans autre forme. Celui-ci ne trouvait de limite à son pouvoir discrétionnaire que les témoignages mêmes qui avaient fait obtenir la lettre. Le prévenu sur son ordre était mis en prison ; on ne le relâchait que sur son ordre, aussitôt que les motifs qui l'y avaient fait mettre étaient jugés sans force désormais.

Je ne sais si les nerfs du lecteur auront supporté cet

exposé. Je le conjure seulement, avant de juger de cela, de se rappeler que l'objet de ce livre-ci n'est pas de démontrer que l'ancien régime avait été inventé pour nous plaire, et que toutes les idées auxquelles on tient de nos jours y fussent satisfaites. Les anciens n'avaient pas nos préjugés. Quelque étonnant que cela puisse paraître, ils manquaient même de ceux que nous aimons d'une affection particulière et que nous mettons au rang de vérités éternelles. Il y a des livres écrits sur ces matières, dont tout le dessein est de prouver aux hommes que la Révolution ne devait pas être faite, parce que les idées modernes issues de la Révolution étaient satisfaites avant elle. Les mêmes qui voulaient faire du comte de Chambord, suivant la forte expression du prince, « le roi de la Révolution », nous présentent tous les jours l'éloge d'une « Ancienne France de la Révolution ». Ce n'est pas cet éloge que j'ai entrepris : premièrement parce qu'il ne saurait reposer que sur le mensonge ; en second lieu, parce qu'il est inutile : ce que nous avons à tirer de l'ancienne France étant, autant qu'un motif de l'aimer, la protestation de l'histoire contre l'esprit de secte et de système. Ceux qui en accommodent l'éloge à cet esprit, font donc la besogne la plus stérile en même temps que la plus chimérique du monde.

L'école de la Révolution a déguisé les faits, il est vrai ; mais en même temps elle a fomenté le préjugé qui fait errer sur le jugement des faits. Nous n'aurons donc rien obtenu, si, corrigeant les faits, nous ne prenons pas soin de dénoncer l'erreur de principe.

Les Français d'aujourd'hui font consister toute garantie de la liberté des hommes dans le droit reconnu d'avoir des juges. Le privilège de la magistrature, l'indépendance du magistrat, la séparation du pouvoir judiciaire selon la formule de Montesquieu, tel est à nos yeux le principe essentiel de la sécurité des citoyens, la pierre angulaire des sociétés. Tout cela tient à des considérations où il entre du vrai, et dont je ne nie pas qu'on ne puisse faire bon usage ; cependant rappelons-nous que des principes de l'espèce qu'on imagine ici n'existent pas. Il y a très peu de conditions vraiment essentielles du bon état des sociétés, et aucune ne consiste dans une définition. Des juges assurés et leur indépendance sont une bonne garantie de la liberté des hommes : elle n'est pas la seule qu'on puisse inventer ; quant à la séparation du pouvoir judiciaire pris en soi, ce n'est rien.

De nos jours en France la liberté de chacun semble dépendre tout entière de la liberté qu'on laisse aux juges, parce que nous sommes sujets d'une démocratie centralisée, c'est-à-dire d'un régime où l'État est aveugle et règle tout. Il n'en était pas de même en d'autres temps. J'ajoute que c'est justement dans le temps où cette indépendance des juges se rend indispensable, que les formes qu'on prend pour l'assurer deviennent impuissantes. Cette garantie n'apparaît seule au monde, que quand elle a réellement cessé d'être et ne consiste plus qu'en des mots. C'est notre cas : il nous contente ; il nous contente de deux manières : d'abord à cause de la simplification que l'esprit de système nous fait aimer, rien ne nous étant plus agréable que de renfermer la liberté et toute chose au monde dans un seul point ; ensuite parce que tout ce que nous demandons, c'est précisément des paroles et des rites constitutionnels. Ces vaines simagrées nous rassurent. Nous ne voulons connaître de garanties à la liberté des citoyens, que des fictions juridiques et protocolaires. Nous les avons, et le peu qu'elles servent mériterait peut-être de nous ouvrir les yeux.

Un libéral de droite m'interrompt : « Non vraiment nous ne les avons pas. Il faut les faire voter à la Chambre. Cent ans après la Révolution, la France manque encore de son *habeas corpus*. Quel scandale ! » Il se figure là-dessus des effets de tribune propres à émouvoir le Bloc. On sait le résultat de ces sortes d'essais. Le Bloc se moque de l'*habeas corpus*. J'avoue que je m'en moque autant que lui.

Non que je le croie peu de chose de l'autre côté de la Manche. Il y a produit d'heureux effets ; il y fait une partie de la fierté nationale ; tout le monde en Angleterre le connaît et l'estime. Mais le peuple de France n'en aurait cure ; il se fait une autre idée de la liberté des gens.

On sait ce qu'est cet *habeas corpus*. Deux édits du roi Charles II, en 1679, en ont fixé les conditions. Il consiste précisément en ceci que, si quelqu'un est mis en prison, cette personne ou toute autre à sa place n'a qu'une requête à faire à la Haute-Cour de Justice du royaume. Cette cour aussitôt adresse à celui qui détient la personne en prison, le *writ* d'*habeas corpus*. Ce *writ* émanant de si haut lieu est un instrument des plus forts. Il oblige à pourvoir au jugement immédiat ou à remettre l'homme en liberté. Les résistances à cette injonction constituent le grave délit de « mépris de la Cour : *contempt of Court* », puni par la loi anglaise de dommages-intérêts excessivement lourds, et dont la menace suffit. Ainsi l'effet qu'on souhaite est assuré.

Encore un coup, cette constitution est digne d'éloge, et le fait est qu'elle réussit. Elle réussit chez une nation où l'esprit public est très fort, où le respect des institutions est à son comble, où (chose qu'il importe de retenir) le fonctionnaire est mû par d'autres sentiments encore que ceux de l'ordre administratif. Mais en France, que serait l'*habeas corpus* ? Tous les hommes doués de quelque sens pratique l'imagineront aisément. Le mécanisme de la Cour ne fonctionnerait jamais. Suppose-t-on, lors de la dernière Haute-Cour, le comte de Lur-Saluces ou M. Buffet sollicitant un *writ* contre Waldeck-Rousseau ? Suppose-t-on le misérable juge d'instruction Delalé, couvert par tous les pouvoirs de la République, menacé de cent mille francs de dommages-intérêts à la requête du malheureux et innocent frère Flamidien ? Lors du dernier complot, voit-on M. Clemenceau déclaré coupable à la face de la France du crime de *contempt of Court* ? Voit-on, dis-je, le ministre, les juges, la France elle-même en cette affaire ? Voit-on l'indignation publique prenant parti pour la robe rouge ? La seule supposition touche à l'extravagance. Quelle meilleure preuve de la vanité qu'il y a à requérir chez nous ce qui sert chez les autres ? Ne dites pas : c'est la faute au gouvernement. Ce gouvernement changé, la monarchie refaite, l'*habeas corpus* sera inutile ; sans cette condition il est impuissant. Aussi devons-nous regarder comme sans remède, dans l'hypothèse du présent régime, l'arbitraire du juge d'instruction.

Seule y fait contrepoids la peur de l'opinion, rendue sensible dans les tapages de presse. Seuls des moyens d'essence révolutionnaire et la coutume maintiennent notre indépendance à l'égard de la prévention. Il y a quinze ans on comptait encore l'interpellation des Chambres ; la complicité de celles-ci et leur abaissement intellectuel, joint à l'indifférence croissante du pays pour les éclats parlementaires, ont réduit à rien ce moyen. Il passait pour le plus puissant. On peut juger de notre sort à la facilité avec laquelle il a disparu. De tout temps ce fut un moyen médiocre, malgré l'importance de la sanction, ou plutôt à cause de cette importance même, qui met le pouvoir à l'abri. Un père qui n'aurait de droit sur ses enfants que de leur faire couper la tête, perdrait tout moyen de s'en faire obéir. Ne laisser à chaque Français que le droit de renverser les ministères par le moyen de son député, c'est remettre chaque Français à discrétion, la plupart des causes portées à la tribune étant sans proportion avec de tels effets. Rien n'est si raisonnable que de les sacrifier à la permanence du pouvoir. Le ministre a beau jeu, sur chacune de ses causes, de poser la question de cabinet. « Si vous me préférez ce cantonnier, je m'en vais. » On n'a garde, on vote la confiance. Le bon sens se trouve d'accord avec les passions parlementaires et l'intérêt de chaque député. Quelle injustice ! disent les républicains de droite. Il est vrai ; mais la faute en est au système, qu'il faut dénoncer. Vous l'acceptez, et vous défendez le cantonnier : vous voilà anarchiste plus que les gauches ; du côté des gauches, contre vous, est le vrai esprit de gouvernement. Telle est, en régime démocratique, la garantie personnelle de chacun.

Mais, dira-t-on, sous l'ancien régime, sous le régime de la lettre de cachet, où se trouvait cette garantie? Je réponds : dans toutes les formes de justice ordinaires, en toute occasion où la justice avait son cours : soit qu'aucune lettre de cachet n'intervînt, soit qu'on ne requît d'une pareille lettre qu'un moyen de s'assurer du prévenu. Reste le cas mentionné en second lieu, où la lettre de cachet fait toute la procédure : c'est celui-là qu'il faut examiner.

Il faut savoir quelles sortes de circonstances en faisaient faire un tel usage. C'étaient invariablement des affaires de famille. Invariablement il s'agit tantôt d'un mari infidèle, tantôt d'un fils débordé dont il fallait réprimer les désordres. La plainte des proches mettait en mouvement ce mécanisme.

Le magistrat de police recevait leur plainte. Il instruisait l'affaire, décidait une enquête, convoquait des témoins, consultait l'entourage, puis, sur l'instance des intéressés, rendait enfin sa décision. Condamnation, non pas : remarquez ce point. Cette décision n'émanait pas de la justice; elle n'avait pas le nom d'un jugement : elle n'emportait qu'une peine, ce qui est bien différent. Le magistrat de police ne condamnait pas, il se bornait à sévir. La punition ainsi infligée n'entraînait, pour celui qui en était l'objet, rien de pareil au casier judiciaire ; elle n'entraînait pas de déshonneur ; grâce à la discrétion de cette sorte de procédure, elle ne causait pas davantage de scandale.

M. Funck-Brentano conte en ce genre l'histoire d'un gantier parfumeur de la rue Comtesse d'Artois. Mieux que toutes les explications, le détail qu'on va lire fera connaître cette procédure.

Ce gantier s'appelait Ollivier. Sa femme se plaint au lieutenant de police, qui pour lors était le fameux

Berryer (c'était en 1750), d'être maltraitée par son mari. Elle représente qu'il délaisse la boutique, ce qui cause une double perte au ménage, dont les économies vont toutes à un caprice de l'époux. La fille cause de ce mal se nomme Marie Bourgeois et loge rue Saint-Denis-aux-Rats.

Au reçu de cette plainte, le lieutenant envoie un commissaire chez cette fille, pour lui représenter son devoir. Cette exhortation manqua son but, car on voit reparaître bientôt la plainte de la femme Ollivier, qui se fait cette fois plus pressante, et demande même l'emprisonnement. « Elle ne cesse, dit cette femme, de le recevoir chez elle, ce qui cause beaucoup de désordre dans notre ménage et notre commerce ; et il est facile de voir que, si cela continue, il nous sera impossible de faire honneur à nos affaires. Ce considéré, Monseigneur, j'ai recours à vous pour vous supplier de faire enfermer Marie Bourgeois. » Ces mots sont inscrits dans un placet, dûment adressé et signé, et contresigné du principal locataire de la maison de Marie Bourgeois.

L'affaire prenant de l'importance, le lieutenant la remet à un secrétaire nommé Chaban. Un inspecteur est adjoint au commissaire envoyé la première fois. Tous deux conduisent l'enquête et confirment la plainte.

Remarquez le soin de l'information et les modes divers de l'action. Berryer écrit au curé de faire comparaître les coupables et de leur faire entendre les reproches de la religion. On n'eût osé manquer à cette convocation. Marie Bourgeois, pour y échapper, avertie sans doute par quelque indice, change de paroisse dans l'intervalle. Nouvel ajournement de l'affaire. Berryer écrit : « Gardez les pièces jusqu'à ce qu'il vous vienne de nouvelles plaintes. »

Ces plaintes ne manquent pas de reparaître. La parfumeuse, de plus en plus pressante, écrit : « Par pitié, Monseigneur, faites enfermer Marie Bourgeois. » Autre enquête. Quatrième placet, où se lisent ces paroles touchantes par l'excès d'angoisse qu'elles expriment : « Mon mari s'apprête à quitter Paris du jour au lendemain. Déjà sa maîtresse a donné congé de sa chambre. »

L'information était suffisante. Le remède ne souffrait pas de retard. Marie Bourgeois fut arrêtée le 15 juillet 1751.

Ce récit suggère plusieurs réflexions. En premier lieu, on ne peut qu'y admirer l'avantage d'une sanction si simple et si prompte pour la conservation des mœurs : je dis dans la mesure où l'ordre des familles y est intéressé, le reste ne regardant pas les magistrats civils. On remarquera en second lieu les précautions dont le magistrat s'entoure, la lenteur qu'il met à sévir, la sagesse qui lui fait attendre les dernières plaintes ; pour finir, la vigueur de la résolution, qui fait applaudir le dénouement comme celui d'une comédie bien faite. En troisième lieu, je signale le rôle que cette simple procédure assignait au curé. On y reconnaît le trait intéressant d'une époque où la simplicité des rapports sociaux, en même temps que l'union des deux pouvoirs, le spirituel et le civil, permettait une souplesse d'allure que nous ne connaissons plus, et dont l'avantage est extrême. Quatrièmement enfin, notons le rôle des voisins, et le jour important qu'il jette sur la résistance offerte alors par les extrémités du corps social.

Ce dernier point est d'une grande importance. Sans l'aveu des voisins, on ne pouvait rien faire ; leur témoignage est requis pour avancer l'affaire, et l'on voit assez que leur opposition y eût mis obstacle. La différence à cet égard avec notre temps est frappante. Veuillot relève admirablement ce point dans la préface des *Odeurs de Paris* :

> Rousseau, dit-il, avait trouvé ce beau mot de *désert d'hommes* pour peindre Paris, quand Paris, peuplé seulement de six à sept cent mille âmes, n'était qu'une ville de province divisée en une quantité de paroisses, où tout le monde se connaissait, où chacun faisait partie d'une corporation, vivait dans un quartier, avait des amis, des patrons, des parents. Et bientôt, qui donc dans Paris aura seulement un voisin ? quel homme y pourra compter sur un autre homme pour une assistance quelconque, pour une résistance à quoi que ce soit d'injuste et d'odieux ? Il y a le sergent de ville, et voilà tout ! Le sergent de ville connait tout le monde, protège tout le monde, ramasse tout le monde. Mais que cet unique protecteur a de droits sur tout le monde, et que ses pupilles ont à observer de règlements !

Le plus bel éloge peut-être de la lettre de cachet, c'est d'avoir fait de ces circonstances un instrument d'ordre public, utilisant les relations de voisinage et de paroisse, par une procédure d'un genre unique.

Ce que j'en dis n'est pas une supposition. Nous les voyons fort efficacement à l'œuvre en plusieurs cas, dont le récit continue de m'être fourni par M. Funck-Brentano.

Une certaine Catherine Randan fut, sur une plainte du genre de la précédente, enfermée à l'Hôpital : c'est ainsi qu'on nommait la Salpêtrière. Un auditeur de la Chambre des Comptes nommé Menjol, soit averti par les voisins, soit voisin lui-même ou patron de cette femme, fit aussitôt parvenir sa plainte à la lieutenance en ces termes :

1° Que dans l'information de vie et de mœurs qui fut faite au sujet de la prisonnière, M. Lemoine, principal locataire de la maison, rue Bourtibourg, où elle habitait depuis six mois, n'a point été entendu, ni aucun des voisins de la même rue ;

2° Qu'avant d'être frappée d'une lettre de cachet, la prisonnière n'a point été mandée devant le curé de Saint-Paul, sur la paroisse duquel elle demeurait ;

3° Que l'ordre du roi, qui aurait dû être exécuté par l'inspecteur Bourgoin, ne l'a été que par l'un de ses commis, sans que l'on appelât un commissaire, et sans que les formalités *requises en pareil cas* fussent remplies.

Qui voudra savoir la différence de la police d'alors avec celle d'aujourd'hui (qui fait qu'on ne peut pas juger d'après la nôtre le sort des gens remis à celle-là) n'a qu'à considérer l'issue de cette réclamation. Catherine Randan fut remise en liberté.

Une autre réclamation vise le cas d'une demoiselle Leclerc au temps de la Régence. Elle émane d'un voisin de celle-ci, et porte la date du 22 juin 1721.

> Monsieur, écrit ce voisin, comme il n'est point d'exemple, et qu'il est contre les ordonnances et règles, et même contre les lois, de faire enfermer une femme sur la déposition d'un seul particulier, et que l'ordre sur ce fait exige le scandale, la plainte des voisins et même du curé, on a cru devoir vous représenter que l'abbé de Maignas a surpris votre religion au sujet de la nommée Leclerc.

La demoiselle Leclerc fut mise en liberté.

Tout ce qu'on vient de lire fait assez voir que la procédure de la lettre de cachet avait ses règles, et que pas plus que celle des tribunaux cette procédure ne laisse de place à l'arbitraire. Ce qu'on prétend y reprendre de ce chef tombe donc de soi-même. Elle est œuvre de police, non de justice, et ce fait serait de nos jours de quoi la décrier; mais on vient de voir par les exemples qu'elle offre comment se comportait la police à cette époque. De quelque manière qu'on la retourne, on voit que, dans cet usage même, tout ce qu'on a dit de la lettre de cachet pour faire haïr l'ancien régime, n'est que mensonge.

Il est vrai que cette procédure policière était secrète; mais, bien loin qu'il fallût s'en plaindre, elle n'avait lieu justement de cette sorte, que dans l'intérêt des familles. Par là leur honneur était sauf. La discrétion était absolue. Les pièces relatives à chaque affaire étaient enfouies à la Bastille.

L'ancien régime ne s'est jamais trompé sur ce caractère de protection accordée aux familles par la lettre de cachet. Nous en avons de curieux témoignages.

Un père, à qui Malesherbes avait refusé une lettre de cachet contre son fils, lui écrivait avec indignation :

> Quand l'autorité tutélaire et souveraine se refuse à appuyer l'autorité domestique, elle sait sans doute où prendre les ressorts propres à veiller sur la tête de chaque individu en particulier.

Il est certain que cette alliance intime des pouvoirs publics avec le pouvoir domestique était le trait d'un ordre supérieur. Le père seul avait le droit de demander une lettre de cachet contre son fils ; mais on résistait peu à cette injonction. « Il est d'usage, écrit d'Argenson au comte du Chayla, d'arrêter les enfants dont les pères se plaignent. »

C'est là ce qui causa les plaintes de Mirabeau, enfermé, comme on sait, au donjon de Vincennes. En ceci mystifié comme dans le reste, il est plaisant de voir que le peuple fit sienne la cause d'un fils de famille dévergondé. Mais la révolte contre les siens faisait de ce fils de famille l'allié de tout ce qui rêvait le renversement de toutes choses ; la démocratie l'épousa, comme on a vu tout récemment la maîtresse feuille du Bloc se faire apologiste d'un jeune gentilhomme en révolte contre son père, traînant son nom dans les aventures les plus mortifiantes et les plus folles. Ce père fut réduit à protester par la même voie de la presse, et dans la même feuille. On ne saurait rien lire de plus noble, de plus juste et de plus relevé que la lettre qu'il écrivit alors. Mais je ne doute pas que si la lettre de cachet eût été de mise envers ce fils, le père eût pris ce moyen plutôt que l'autre. Or notez la nature du sentiment français, qui est tel que tout le monde l'eût approuvé.

Qu'on ne parle pas de la barbarie qu'il y a à requérir en ceci les pouvoirs publics. Leur intervention en cette sorte n'avait rien d'infamant. C'était justement de quoi on leur savait gré, et ce qui fait que la lettre de cachet était regardée comme une grâce.

La famille, dit d'Argenson, a intérêt à soustraire son parent à une condamnation infamante. Quand le roi *par bonté* veut bien soustraire un coupable à la rigueur des lois en le faisant enfermer, c'est une faveur.

Qui sait ce que plusieurs eussent encouru des tribunaux et de la justice régulière, si l'action de simple police ne les eût prévenus à propos, quelquefois corrigés, toujours soustraits du moins aux ridicules éclats que fait un procès public sur des questions de famille?

« Le public, dit encore d'Argenson, (dans les affaires de ménage) est charmé de la scène qu'on lui donne, et personne n'a encore eu la charité de tirer le rideau pour cacher un spectacle si ridicule.. » Aujourd'hui le mal est à son comble. L'impudence de la presse passe toutes les bornes en ce genre. Nous en mesurons l'heureux effet.

Une autre histoire fera voir l'utilité de ce secret, dont on fait un crime. Elle est touchante et presque dramatique.

Un jeune homme nommé Bunel fut arrêté dans une bagarre. On le convainquit de plusieurs vols, effet de l'ignoble commerce qu'il entretenait avec une fille. Sa mère, veuve d'un ancien soldat aux gardes françaises, effrayée de l'abîme où elle le vit plongé, soutenue par l'énergie d'un affreux désespoir, obtint, à force de démarches, de s'arranger avec la partie civile, et, grâce à la recommandation de M. de Boulainvilliers (chez qui un des vols reprochés à son fils avait été commis); elle obtint une lettre de cachet.

Il est enfermé à Bicêtre, et là s'engage dans le régiment de Briqueville-infanterie. A la suite de ce régiment, le nouvel engagé quitte la France le 22 mars 1751. Le 4 novembre 1752, Briqueville écrit à Berryer pour lui demander le rappel de Bunel. Les notes du jeune homme sont bonnes ; il semble que le passé n'ait jamais existé, le colonel plaide chaudement sa cause. En présence de ce témoignage, un rapport de police est adressé au comte d'Argenson, qui signe le rappel de Bunel, le 5 décembre de la même année. Le jeune homme est rendu à sa mère, arraché à son vice et sauvé du déshonneur. Tel est le bienfait du secret de la lettre de cachet.

Au demeurant, qu'on n'imagine pas que la justice régulière n'entretenait aucun rapport avec la lettre de cachet, ou qu'elle fût entièrement subordonnée à elle. C'était une règle rigoureuse, par exemple, qu'une lettre de cachet ne pouvait être accordée au cours d'un procès. Une autre disposition regardait le droit de visite dans les prisons, exercé pas les parlements, lequel permettait à ceux-ci d'être informés de ces procédures par leurs effets. J'ajoute que tout ce qu'on voit ajouter pour rendre la lettre de cachet odieuse, comme la fameuse histoire de ces lettres données en blanc, n'est qu'un mensonge.

Tout cela n'empêche pas M. Camoin de Vence d'écrire dans la *Revue des Études historiques* (1) : « Le *principe même* de la lettre de cachet était, *quoi qu'on dise, et nous ne saurions trop l'affirmer*, essentiellement contraire à toute vraie justice. »

(1) Année 1892.

M. Camoin de Vence est bien intentionné. Par malheur, il ne sait point s'élever au-dessus de la nuée frivole de ce qu'il nomme les principes. Car qu'est-ce que *le principe de toute vraie justice*, sinon d'être jugé justement ? M. Camoin de Vence exige de plus que cela soit fait dans certaines formes. Mais pourquoi ces formes tiendraient-elles au principe ? C'est, dira-t-il, que faute de ces formes on juge mal en fait. Mais on lui cite la lettre de cachet, qui, sans l'aide de ces formes, n'a pas laissé de servir à bien juger. Bon *en fait*, dit M. Camoin de Vence, mais cela n'absout pas le principe.

Tel est le préjugé de ceux qui ne veulent croire qu'à des constitutions de papier. D'autres font à la lettre de cachet des objections plus solides, quoique moins honorables. Ils n'y peuvent souffrir l'instrument de l'autorité dans la famille. A ceux que toute autorité offense, celle-ci n'est pas moins en horreur qu'aucune autre. La famille, dont elle fait le fondement, est détestée de la Révolution au même titre que toutes les associations naturelles, ennemies à ses yeux de la seule liberté légitime, qui est celle de l'individu.

Rappelons-nous le cynique aveu de Cambacérès, si opportunément relevé par Le Play, sur la liberté de tester. Ce digne organe de la Révolution avouait ne poursuivre dans cette liberté que l'autorité du père de famille, représentée comme tyrannique. De nos jours, les amis de l'union libre ne s'offenseront pas moins de la contrainte conjugale, dont la lettre de cachet se faisait l'instrument. L'histoire du parfumeur de la rue Comtesse d'Artois leur sera une raison de la maudire. Par-dessus les années écoulées, leur culte de la liberté donne la main à celui que professèrent ces intéressantes victimes du *foyer-prison* d'autrefois.

Aussi bien, ne croyons pas que celles-ci aient été incapables d'en déduire les principes, et de formuler à cet égard la revendication de leur droit. Nos fauteurs d'anarchie se croient en avance là-dessus. Je signale aux frères Margueritte le plaidoyer vieux d'un siècle et demi d'une femme qui, si elle vivait, serait certainement de leurs clientes. On le trouve, comme plusieurs des passages qui précèdent, au Mémoire de d'Argenson dont M. Funck-Brentano tire une partie de ses preuves. On sait qu'il était grand-lieutenant de police.

Une jeune femme nommée Baudoin publie hautement qu'elle n'aimera jamais son mari, et que chacun est libre de disposer de son cœur et de sa personne comme il lui plaît. Il n'y a point d'impertinences qu'elle ne dise contre son mari, qui est assez malheureux pour en être au désespoir. Je lui ai parlé deux fois, et quoique accoutumé depuis plusieurs années aux discours impudents et ridicules, je n'ai pu m'empêcher d'être surpris des raisonnements dont cette femme appuie son système. Elle veut vivre et mourir dans cette religion, il faut avoir perdu l'esprit pour en suivre une autre, et plutôt que de demeurer avec son mari, elle se ferait huguenote ou religieuse. Sur le rapport de tant d'impertinences, j'étais porté à la croire folle ; mais par malheur elle ne l'est pas assez pour être renfermée par la voie de l'autorité publique, elle n'a même que trop d'esprit, et j'espérais que, si elle avait passé deux ou trois mois au refuge, elle comprendrait que cette demeure est encore plus triste que la présence d'un mari que l'on n'aime pas. Au reste, celui-ci est d'une humeur si commode, qu'il se passera d'être aimé, pourvu que sa femme veuille bien retourner chez lui, et ne pas lui dire à tout moment qu'elle le hait plus que le diable. Mais la femme répond qu'elle ne saurait mentir, que l'honneur d'une femme consiste à dire vrai, que le reste n'est qu'une chimère, et qu'elle se tuerait sur l'heure si elle prévoyait qu'elle dût jamais avoir pour son mari la moindre tendresse.

On voit que les ennemis des contraintes morales, partisans de l'obéissance *consentie*, n'ont jamais manqué de littérature : il y a une éloquence de nature qui se déclare en pareil cas, et l'instinct tout seul fait des merveilles. Mais l'autorité d'autrefois ne s'en laissait pas plus éblouir que des faits de brutalité pure. Là où nos badauds disent : « c'est très intéressant », il est bon de voir ce magistrat d'ancien régime, qui ne passa jamais pour un esprit borné, n'écrire que les mots d'*impudence*, de *ridicule*, d'*impertinence*. C'était tout ce que l'étonnement, qu'il avoue, gagnait sur les principes arrêtés d'autrefois. On peut imaginer, dans ces conditions, que la lettre de cachet était bien défendue.

Il faut maintenant dire un mot du cas rare où celle-ci servait la raison d'État. Le libéralisme déploie là-dessus son éloquence, et, quoique l'application en soit beaucoup réduite par tout ce qu'on vient de lire, je ne pense pas qu'il faille accorder le peu qui reste à sa critique. On allègue là-dessus l'Angleterre, où plusieurs voudraient nous faire croire que la raison d'État est inconnue. Mais la raison d'État est de tous les États, parce qu'il n'y a pas au monde une autorité dont le devoir ne soit de prévenir le désordre afin de n'avoir pas à le punir. En Angleterre comme ailleurs, les générations différentes ont été sujettes à ressentir plus ou moins la nécessité de ce principe, et à s'en relâcher plus ou moins. Ce relâchement fait à nos yeux l'originalité de ce peuple ; ce serait une erreur de croire que personne n'en reconnaît chez lui l'inconvénient. On le trouve signalé chez les auteurs. « Chez nous, écrit A. V. Dicey, l'État peut punir ; il ne peut guère prévenir les crimes. » De quelque manière qu'on l'explique, une telle parole ne peut passer que pour un aveu d'infériorité.

Cela est si vrai que l'*habeas corpus*, article sacré, palladium à nos yeux des libertés anglaises, s'est vu suspendre plusieurs fois par autorité du Parlement. Les Anglais l'ont souffert : je ne sais si en France le scandale apporté par une telle suspension n'aurait pas pour effet de ruiner tout l'avantage qu'on suppose à l'institution. Il est vrai que cette suspension n'empêchait pas de payer les dommages-intérêts prévus par l'*habeas corpus* ; mais la rigueur ne s'en exerçait pas moins contre le principe de l'*habeas corpus*.

Ces dernières remarques paraîtront suffisantes. Elles

ne laissent rien subsister qui ne soit à l'honneur des temps où la lettre de cachet fut en vigueur.

Le changement insensible des mœurs fit sentir à la fin plusieurs inconvénients dans la pratique de ce système. De forts liens de famille et de voisinage étaient indispensables à son bon fonctionnement. Les premiers en se relâchant firent qu'on s'étonna des pouvoirs qu'elle donnait ; les autres cessaient avec l'agrandissement de Paris, où la lettre de cachet avait été de tout temps la plus fréquente. L'effet de ce relâchement devait être d'en faire souhaiter la suppression. Le Parlement en fit des remontrances, le 11 mars et le 3 mai 1788. Tous ceux qui savent de quelle manière les institutions se modifiaient sous l'ancien régime, et par quels signes leur disparition s'annonçait, ne doutent aucunement que ce système eût été supprimé sans la Révolution. Il l'eût été comme dénué de rapport avec des mœurs nouvelles, et destiné désormais à causer plus d'inconvénients que d'avantages. La Révolution le supprima comme contraire aux droits éternels de l'humanité.

Quant au grand nombre des abus causés, même dans les derniers temps, par la lettre de cachet, c'est une fable. Malesherbes, dans un rapport inédit que cite M. Funck-Brentano, donne le résultat d'une enquête conduite par lui en 1775. Ce résultat montre qu'il n'avait découvert que deux détenus qui fussent dignes d'être mis en liberté. La vérité est qu'on se désaffectionna de l'institution, de sorte que rien n'empêcha de tourner l'opinion contre elle. L'opinion n'a que peu la mémoire du passé. Rien ne fut plus aisé que faire croire au peuple que la lettre de cachet avait toujours justifié les critiques que les temps permettaient qu'on en fît. Ce fut un des mensonges tapageurs de ce temps-là.

Une dernière réflexion terminera ce chapitre. Dans le cas de raison d'État, la liberté de chacun de nous en face de la prison préventive est aussi précaire que jamais. Les formes régulières continuent d'être absentes des procédures que cette raison commande. Tous les Français vivants peuvent témoigner du fait. A quoi donc servit en cela la Révolution ? A rien, sinon peut-être à en multiplier au delà de toute mesure l'occasion, par la nécessité où elle a voulu se mettre, en gouvernant contre la raison, d'en appeler sans cesse à la force.

CHAPITRE XVI ET DERNIER

LE PROCÈS DE L'ABSOLUTISME.

J'ai voulu terminer ce livre par le sujet le plus important de tous, par celui en qui se résument les divers griefs des modernes contre l'ancien régime. De plus, comme il n'y a pas de nom qui représente à leurs yeux le pouvoir absolu plus que celui de Louis XIV, il m'a paru que l'éloge du plus grand de nos rois ferait la digne fin d'un ouvrage écrit à l'honneur de la France et de la monarchie.

Nous frémissons au nom du pouvoir absolu. Ce mot figure pour nous quelque chose d'exorbitant en soi, qu'on ne peut pas songer à défendre, qu'à peine on peut espérer d'excuser. Je parle des mieux disposés à cet égard. Les mots de monarchie de droit divin, qui s'appliquent au même objet, remettent tous nos nerfs en défense : Dieu mêlé en cette affaire étant l'outrance suprême. Des catholiques ennemis d'une partie du passé ont cru bien inventé de crier au sacrilège. Quel sacrilège, en effet, que de faire de l'obéissance au roi l'objet d'un précepte divin! Ils se sont avisés là-dessus que le principe du droit divin avait été établi par les princes protestants. Ils en font Jacques Ier d'Angleterre l'inventeur. M. Coquille, pour qui je serais bien fâché qu'on crût que je professe peu d'estime, a entassé sur cette matière les considérations les plus imprévues, en même temps que les plus arbitraires. Or c'est du pouvoir absolu, c'est du droit divin précisément que j'entreprends l'explication.

J'entreprends de prouver, contre le préjugé et en dépit du monceau d'arguments accumulés par un siècle de frivolité politique sans égale, que cet absolutisme et que ce droit divin s'accordaient très rigoureusement avec la liberté des personnes, que cet absolutisme et que ce droit divin ne s'accordaient pas moins avec la sauvegarde des intérêts. Que voudrait-on demander de plus ?

Une remarque permettra de préjuger la question. Les Français d'autrefois, ceux qui vécurent au temps de l'absolutisme, et, pour tout dire, sous Louis XIV, se sont-ils doutés qu'ils étaient esclaves ? Il faut pourtant convenir qu'un état si insupportable, ressenti en un temps où la capacité de réfléchir et la puissance d'analyser étaient ce qui faisait le moins défaut, ne pouvait manquer d'être connu, partant exprimé dans les écrits du temps. Dira-t-on que l'oppression était si rigoureuse, qu'il n'était même pas permis de se plaindre ? En ce cas, des lettres, des mémoires, des journaux intimes, rendraient compte de cet état, en exprimeraient la sujétion, l'angoisse, raconteraient le mécontentement des hommes astreints à souffrir en silence. Or rien de pareil ne nous a été transmis.

Outre la littérature courante, beaucoup d'écrits secrets nous sont parvenus de cette époque : dans pas un nous n'apercevons que les Français aient eu conscience alors qu'un régime d'oppression pesait sur eux. Nous voyons qu'alors comme toujours on médit de la cour et des grands, nous voyons médire aussi du roi : tout ce qu'il y a de témoignages défavorables en ce genre ne dépasse pas le niveau commun des reproches aux circonstances et aux personnes ; aucun ne s'adresse au régime, aucun ne mentionne un défaut de liberté ressenti par les sujets du roi. Nous possédons dans quelques ouvrages d'alors une peinture des mœurs du temps. Labruyère et Molière, pour ne nommer que les plus illustres, nous font apercevoir la vie de tous les jours. Nous n'y voyons paraître, sous les traits du bourgeois, du noble, du provincial, de la ménagère, du valet, etc., que des figures analogues à celles d'aujourd'hui. Toute la différence est qu'on parle beaucoup de politique chez nous, et que les gens de ce temps-là paraissent déchargés de ce souci. Nos propos de tous les jours contiennent beaucoup de critiques à l'adresse du gouvernement ; ceux d'alors n'en parlent jamais que pour lui témoigner la déférence banale de gens qui ne s'en occupent pas plus que du cours de la lune et des saisons.

La conclusion ne peut être contestée. On peut plaindre nos aïeux d'avoir été condamnés à professer cette indifférence; on ne peut feindre que cette condition ait été pour eux un sujet de peine. Du reste, les actes de la vie courante dont nous les voyons occupés, ne paraissent pas avoir été plus gênés, ni leur fortune plus précaire, ni leurs établissements moins stables, ni leur repos dans l'avenir moins grand, ni leur contentement de vivre en général moins vif que celui que nous pouvons avoir.

Si donc les gens de ce temps ont été opprimés, ce n'a pu être que d'une manière et sous des rapports qui leur échappaient entièrement. Ils ne ressentaient cette oppression dans aucun des actes matériels, dans aucun des essors moraux de leur existence, de l'existence telle qu'elle était menée, telle qu'on la désirait alors.

Remarquez qu'en ce temps-là la critique est ce qui manque le moins : critique littéraire, critique morale, critique sociale, y poussent leurs pointes de tous côtés; les plus piquantes satires contre les nobles, contre la cour, et, sous le couvert de la fable, contre la condition royale même, se lisent chez les auteurs en renom. Boileau, parlant des prérogatives de la naissance, écrit :

> Et la postérité d'Alfane et de Bayard,
> Quand ce n'est qu'une rosse, est vendue au hasard.

La liberté à l'égard du roi dans les relations personnelles est extrême. Le même Boileau dit en plein Versailles : « Je pense me connaître en vers un peu mieux que lui. » Une dame de la cour, dérangée par une espièglerie du duc du Maine, s'écrie dans un mouvement d'impatience : « Sire, vos enfants sont insupportables. » Dans ce goût de critique et dans cette liberté, nul soupçon de satire politique. Le roi, dit-on, y tenait la main ; je le crois ; cependant la *Dîme royale* et *Télémaque* montrent qu'il n'était pas impossible d'essayer cette critique. Or ces ouvrages sont de la fin du règne, et, même en cette fin de règne, l'exception. Il y a mieux. De tout temps, l'étranger offrit un refuge aux livres défendus ; les pamphlets contre Louis XIV avaient toute liberté de paraître en Hollande ; on ne s'y est pas fait faute d'en publier : cependant le point de l'oppression politique n'est pas touché dans ces pamphlets. On reproche à Louis XIV des faits particuliers, comme la révocation de l'édit de Nantes ; nulle atteinte de principe à la liberté, nul trait de tyrannie inhérent au régime n'y est dépeint.

Ces remarques sont très importantes. Elles prouvent que la critique dont nous sommes prévenus n'a pas existé dans le temps même, et n'a pris corps que dans la suite. La tyrannie de Louis XIV n'a gêné que des gens qui n'ont pas vécu sous son règne.

Enfin le temps vint où l'on s'avisa que le régime de

nos rois manquait à plusieurs lois de l'ordre social. Cela fut pendant le dix-huitième siècle, en même temps que se répandait l'admiration pour l'Angleterre. Le grand événement, à cet égard, fut d'avoir jeté le mot de *liberté* dans le langage des moralistes. Chose curieuse, Voltaire, qui le premier s'en servit ou du moins lui donna la vogue, ne cessa jamais d'en sentir la vanité. Ce mot ne cadrait point aux habitudes françaises. Dans les catégories créées depuis un siècle et demi par nos moralistes, il ne trouvait à désigner rien. Pourtant il faisait bon effet dans la peinture d'un sujet de la reine Anne et du premier des Georges : c'était un trait de caractère qu'on n'eût pas osé négliger. Hors de là, il faut voir comme Voltaire s'en venge. Il reprend et raille chez Montesquieu la théorie qui la refuse fût-ce aux Turcs; il se moque des séparations de pouvoir, par où ce dernier s'efforce d'en fixer la définition.

On sait quelle fortune singulière cette théorie des pouvoirs séparés a faite depuis. Je n'en crois pas les considérants méprisables ; mais de s'imaginer que l'ordre des sociétés consiste dans le maintien jaloux de ces distinctions juridiques, c'est ce que ne sauraient ceux que l'histoire a désabusés de la chicane. Montesquieu condamne sans merci tout ce qui refuse de s'y conformer. Il assigne un terme pour cela. Tout ce qui n'observe pas son système, il le range dans le *despotisme.* Ce mot et ce qu'il contient d'anathème devait passer dans l'usage du temps. Il est de ceux qu'on n'emploie plus guère, qui, comme dit Vaugelas, « sentent le rance » aujourd'hui. C'est que rien n'est plus fragile dans le fond que les idées auxquelles son auteur l'a lié.

Despotisme, c'est l'état des nations chez qui l'exécutif, le législatif et le judiciaire, définis comme veut l'*Esprit des Lois*, ne sont pas remis à des organes distincts. J'ajoute que despotisme signifie quelque chose comme l'enfer des peuples dans ce livre, et comme leur condamnation sans appel. A l'autre extrémité de la gamme, le paradis, consistant dans l'obéissance parfaite aux règles de l'illustre auteur, nous est présenté sérieusement dans la constitution anglaise. Le chapitre consacré à celle-ci épouse moins la forme d'un traité que d'un hymne. A cet égard, elle est le monument d'une époque, ou si l'on veut, la stèle commémorative de la naissance d'un préjugé. Un avocat a eu l'honneur de la placer ; tout bon Anglais qu'il fût, Voltaire n'osait : peut-être répugnait-il à une échelle des peuples dont le dernier degré revenait aux compatriotes d'Orosmane.

Le Turc chez Montesquieu incarne le despotisme. L'habitude se prit bientôt en France de ne plus nommer l'un sans l'autre.

> Liberté qui nous fuis, tu ne fuis point Byzance...

C'était au temps de Chénier l'injure suprême, tant

Byzance et la liberté s'opposaient dans l'esprit de nos auteurs, comme le bon au mauvais principe. L'Académie des Sciences Morales est restée fidèle à cette antithèse. Quand on eut quelque temps mêlé dans le même anathème le Turc et le gouvernement despotique, qu'on eut suffisamment balancé ces deux noms dans les plateaux égaux de la balance d'ignominie, on y mit celui de Louis XIV. Froidement et comme d'une chose la plus naturelle du monde, on s'avisa que le régime français ne différait du turc que par les apparences, et réalisait le despotisme. Les Anglais nous le firent remarquer. Les avocats de France, l'*Esprit des Lois* en main, furent obligés d'en convenir. La nation tout entière frémit à la pensée que les lois de l'équilibre politique, récemment découvertes par un conseiller au Parlement, étaient violées chez nous depuis des siècles.

Maistre nous est témoin de l'air de nouveauté qu'avait encore de son temps cette impudence, et de l'étonnement des gens raisonnables qui voyaient dans les papiers anglais mêler le Turc et Louis XIV. Cet étonnement maintenant a cessé, l'ascendant pris sur les intelligences par le triomphe de la Révolution ayant fait passer l'absurdité en fait.

C'est à cet ascendant qu'il s'agit de s'opposer. Contre cet ascendant il s'agit de prouver la parfaite injustice de ce nom de despotisme appliqué à l'ancien gouvernement de la France. Un examen exact des choses y pourvoira.

Et d'abord convenons d'un point : c'est que dans un État le commandement ne saurait revenir à tout le monde. Quoique ce principe soit assez évident, il ne sera pas inutile d'emprunter de Bossuet les termes de son expression : « Où tout le monde, dit-il, veut faire ce qu'il veut, nul ne fait ce qu'il veut ; où il n'y a point de maître, tout le monde est maître ; où tout le monde est maître, tout le monde est esclave (1). » De là vient la nécessité de rassembler le pouvoir dans quelques mains.

La Révolution donne elle-même satisfaction à ce principe, quand, posant premièrement celui de la souveraineté nationale, elle n'en reconnaît pas moins la nécessité d'une délégation du pouvoir. Avec cette délégation commence dans son système les difficultés d'application. Car cette délégation étant composée d'hommes, on ne peut éviter qu'elle soit mue par des volontés particulières ; le problème est de les ranger à la volonté de tous. Mais comment ? par le frein de l'élection, c'est-à-dire en définitive par la menace d'être renversé. Ainsi dans ce système l'exercice du pouvoir, qui n'y est sujet à nul partage, suppose ceux qui le détiennent soumis à une contrainte absolue.

(1) *Politique tirée de l'Ecriture Sainte*, liv. I, art. 3.

Détenteurs d'un pouvoir sans limite, l'obéissance qu'ils doivent n'a pas de bornes. Maîtres de tout en fait, ils ne peuvent rien vouloir que la source du pouvoir ne puisse leur interdire. Il est vrai que la puissance de celle-ci n'est que de droit, démunie comme elle est de la force matérielle, tout entière remise à la délégation. Cependant on ne laisse pas de la proclamer souveraine, et pour que cette souveraineté ne demeure pas un vain mot, on lui reconnaît le recours à la révolution.

Ainsi ce qui règne n'a pas le pouvoir, et ce qui a le pouvoir ne règne pas. Les moyens d'une part, le droit de l'autre, tel est le sublime de cette invention-là. L'exercice du pouvoir ne s'y rend donc possible que si l'on suppose les volontés communes entre la nation et ses chefs ; les volontés, dis-je : non pas une volonté générale, mais des volontés individuelles, particulières; l'exercice légitime du pouvoir n'est qu'à ce prix, et cette conformité fait l'objet du système. Mais outre qu'il n'est pas vraisemblable qu'elle se produise spontanément, à quoi sert, si on la suppose, tout l'attirail d'une constitution qui ne fait rien pour l'assurer? qui ne fait au moins rien d'efficace, puisqu'aux révolutions le pouvoir de fait peut opposer la force, et aux sanctions électorales la ruse et la force à la fois.

Ainsi la théorie jacobine du pouvoir ne sort de l'absurdité que pour tomber dans l'enfantillage.

Quant à la pratique qui s'y fonde, sa définition la condamne à rouler sans cesse de la tyrannie à la révolution, de l'anarchie brute et amorphe à la suppression policière de toutes les libertés, y compris celle de vivre.

Cette théorie jacobine du pouvoir est celle de tous les libéraux, qu'ils soient des centres, de droite ou de gauche : tous supposant la souveraineté de l'individu, et le libéralisme ne consistant même qu'en cela. Montesquieu entend autrement la modération du pouvoir. La nécessité démontrée de remettre le commandement aux mains de quelques-uns, il la prend pour point de départ, il ne l'appelle pas délégation ; il recherche seulement les moyens de lier l'exercice du pouvoir à la justice et à l'intérêt public. Il trouve ces moyens dans le partage qu'on sait. Et rattachant toutes sortes d'utiles institutions à ce principe arbitrairement déduit, il fait briller mille lumières de détail autour d'un foyer d'obscurité.

Car, pour venir au fait, qu'est-ce que le pouvoir ? C'est, chez celui qui le possède, des moyens tels qu'il n'appartient qu'à sa volonté d'en suspendre l'exécution. Tout autre obstacle qu'on suppose possible à l'exécution de quelque chose, supprime réellement le pouvoir de la faire. S'il faut à quelqu'un pour agir, s'il lui faut, de *nécessité*, le concours de quelque autre qui le *puisse* refuser, il faut avouer qu'il n'a pas le pouvoir. Cela est de toute évidence. Mécaniquement cette condition exclut ce mot, et sa suppression le ramène. Mais *partage* du pouvoir n'est rien que cette condition mise à son exercice ; il équivaut donc à le supprimer : un pouvoir partagé n'est pas un pouvoir. Tout ce qu'on entassera de raisons à ce sujet n'empêchera pas cette conséquence, et la ruine de tout l'édifice appuyé sur un tel partage.

Qu'à quelque organe de l'autorité publique soit remis le pouvoir de faire une chose et refusé le pouvoir d'en faire une autre, cela se conçoit et cela est clair ; mais que le pouvoir de faire quelque chose soit partagé entre plusieurs pareils organes, c'est-à-dire que, l'un disposant de l'une des conditions d'exécution, les autres conditions en soient remises à d'autres, voilà ce qui n'est pas compatible avec l'existence du pouvoir, voilà ce qui équivaut à sa suppression. Cette suppression, c'est l'anarchie ; c'est tout le bien qu'on attend de l'institution publique rendu impossible.

Bossuet encore dit à ce propos : « S'il y a dans un État quelque autorité capable d'arrêter le cours de la puissance publique et de l'embarrasser dans son exercice, personne n'est en sûreté. » Notre éminent maître et ami M. de la Tour du Pin exprime à cet égard la condition de l'autorité, dans une formule qu'il est important de retenir : « Elle n'admet pas, dit-il, de partage, mais seulement des limites. » Toutes choses ne sont pas remises nécessairement au même, mais tout ce qui lui est remis est remis à lui seul. C'est le principe même de l'autorité.

Remarquez que ceci n'exprime pas ce qui doit être, mais ce qui est inévitablement, ce que toute l'impatience des hommes ne peut empêcher qui soit. L'anarchie dans un État ne fait pas qu'il ne s'y accomplisse des actes d'autorité, et que ces actes y soient moins nombreux que dans les régimes les mieux réglés : seulement ils s'y accomplissent sans ordre, sans garanties et dans des conditions qui tournent au mal les bonnes intentions mêmes. Le pouvoir, pour chacun de ces actes, ne laisse pas de résider quelque part et d'y résider sans partage.

Cet effet se fait sentir jusque dans les traits généraux de l'invention de Montesquieu. Des trois pouvoirs, le législatif, l'exécutif et le judiciaire, il est clair que l'exécutif seul mérite ce nom, car il n'y a pas de pouvoir au monde qui n'enferme celui d'exécuter. Que si vous prétendez que l'exécution réside dans un organe d'où n'émanera absolument ni législation ni sentence, cette distinction ne saurait aboutir qu'à rendre dans vos constitutions le pouvoir réel irresponsable, à revêtir d'une irresponsabilité légale le vrai organe de la puissance publique. Nous savons assez ce que ce principe, inscrit au fronton de nos constitutions, est capable d'engendrer d'abus.

Nos avocats en sont charmés. L'exécutif irresponsable, voilà pour eux le suprême de la sagesse humaine. Ne découvrons pas l'exécutif! Drumont aimait à raconter qu'en voyage ses amis l'éveillaient en disant : Savez-vous une chose horrible qui arrive? on a découvert l'exécutif. On rit de cela à la *Libre Parole*; on en frémit au *Temps* et dans tous les milieux où la théorie des pouvoirs est admise, pour couvrir de quelque politesse les sauvageries du *Contrat social.*

Tout ce que je viens de dire n'est pas autre chose que la justification du pouvoir absolu. Dût le préjugé moderne s'en étonner, tous les pouvoirs sont absolus. Il n'y en a pas, si ce nom leur est refusé, qui puissent garder celui de pouvoir même. J'ai dit que la théorie libérale du pouvoir, celle qui le fait résider dans le peuple, n'en a jamais supposé le partage. Ainsi selon la Révolution même la nature du pouvoir est d'être absolu. Il est vrai que l'endroit où elle le fait résider a pour effet de l'anéantir. Ce n'est pas un pouvoir séparé d'un pouvoir, c'est le pouvoir séparé de son exercice même. C'est un comble d'absurdité dans le chemin de la séparation, que l'auteur de l'*Esprit des Lois* n'avait pas prévu.

Le droit divin se rapporte à cette notion, en est le complément nécessaire. Il signifie qu'encore que le pouvoir soit issu de circonstances fortuites, contingentes et particulières, il n'en épouse pas moins aux yeux des hommes un caractère de majesté inviolable, à cause de sa nécessité. La société est le vœu de la nature, elle n'est l'effet d'aucune résolution des hommes ; ainsi tout ce qu'elle rend nécessaire est au-dessus de leurs volontés : telle est l'autorité publique. Créées de Dieu comme les individus, les sociétés ne sauraient recevoir des hommes l'organe essentiel de leur existence : c'est donc de droit divin que le prince y commande. Ceci ne touche point au choix qui s'en peut faire. L'idée d'un roi choisi à l'origine en cérémonie par un peuple est une niaiserie historique ; mais la vérité politique n'a précisément rien à redouter de cela, parce que rien n'empêche que même un choix très libre ait pour effet un engagement inviolable. Il s'en faut bien que dans toutes les circonstances auxquelles ils s'engagent librement, les hommes ne restent liés que par leur volonté, gardant le droit de se reprendre incessamment. Ainsi il faut distinguer la *désignation* du pouvoir, laquelle est l'œuvre des circonstances (entre lesquelles rien n'empêche qu'on ne compte la préférence d'une nation), et sa *nature*, laquelle est supérieure à toutes les contingences et domine toutes les volontés.

Bossuet, parlant de la loi, distingue admirablement ces deux points de vue, quand il écrit qu'elle est « un pacte solennel par lequel les hommes *conviennent* ensemble par l'autorité des princes *de ce qui est nécessaire* pour former leur société ». Venant à la société elle-même, le même auteur écrit magnifiquement : « Le peuple ne pouvait s'unir en soi-même par une société inviolable, si le traité n'en était fait *dans son fond* en présence d'une puissance supérieure telle que celle de Dieu (1). »

Tel est le principe du droit divin. Je serais curieux que, jugeant d'après ces textes, quelqu'un voulût bien m'expliquer ce que ce principe a de sacrilège.

L'inviolabilité des princes légitimes repose tout entière sur ce fondement. Elle a été crue de tout temps par les esprits justes et modérés. M. de Maistre en offre un curieux exemple dans le commentaire que sa correspondance contient des mesures par lesquelles ses maîtres et amis les Jésuites furent chassés de Russie. Malgré la peine qu'il en ressentait, et dont il ne ménage pas l'expression, le parfait respect de l'empereur ne le quitte pas un moment. Boileau, s'excusant de son métier de satirique auprès de la pieuse et bienfaisante Mlle de Lamoignon, demandait si du moins elle n'aurait pas permis qu'on médît des mécréants : du Turc, par exemple. Elle se récria : « Non pas, dit-elle, il ne faut jamais toucher aux personnes de cette dignité-là. »

On aime à nous dépeindre ce respect comme hors de mode. Cependant il règne de nos jours à l'égard des princes, chez toutes ou presque toutes les nations étrangères. On se figure aussi qu'il appartient au dix-septième siècle, et que l'ascendant outré de Louis XIV l'imposa. La vérité est qu'il est aussi ancien dans notre pays que la monarchie ; la vérité

(1) Ouv. cit., liv. I, art. 4.

est que les principes dont j'ai fait voir que ce respect s'inspire, ont toujours fait partie de notre droit national.

Rien, en effet, n'est moins selon le témoignage de l'histoire, que d'imaginer les prétendues pratiques d'un pouvoir arbitraire, appuyées d'un faux droit divin, s'établissant au dix-septième siècle comme des nouveautés. Pas une preuve n'existe d'un tel établissement. Au contraire, en remontant le cours des ans, on ne trouve dans le siècle précédent et jusque dans le Moyen-Âge qu'une idée toute pareille de la monarchie. Une certaine école se flatte de plaider la cause de celle-ci devant la Révolution et de la gagner, moyennant le sacrifice de Richelieu et de Louis XIV. Petit sacrifice, comme on voit. Ces royalistes croient bien trouvé de reprendre le mot célèbre de Mme de Staël : « Chez nous, c'est la liberté qui est ancienne, et le despotisme qui est nouveau. » Hélas ! ce qu'elle appelait despotisme était aussi ancien que la France, et les vraies libertés, au temps qu'elle insultait, étaient aussi florissantes que jamais.

Une fois de plus, je dois signaler l'erreur, l'inutilité, j'ose dire le ridicule de ces tableaux de complaisance, prudemment reculés au fond des âges, où toutes les exigences du préjugé moderne sont représentées comme satisfaites, avant que des despotes récents, Henri IV, Louis XI ou Philippe le Bel soient venus, par une malheureuse « déviation », justifier la Révolution. Dans ces temps bienheureux d'une royauté sans tache, les bienfaits les plus raffinés du régime parlementaire étaient assurés à notre pays. Jamais les rois n'eussent osé faire les maîtres ; ils exerçaient la volonté des peuples. On imagine là-dessus un étalage de fierté populaire tenant tête au pouvoir royal, des attitudes absurdes de bravaches chevaleresques et pieux, tout un tableau de mélodrame, où le cortège complet des niaiseries révolutionnaires reparaît affublé de l'oripeau gothique.

D'abord et dans les origines, ce sont les assemblées de la Germanie. Tacite en fait mention : nous devons l'en croire. Et pour que notre Gaule là-dessus ne soit pas en reste, on met une noble fierté à rappeler qu'Honorius convoqua dans Arles, en 418, les représentants de nos sept provinces. Voilà, n'est-il pas vrai, un sénat national ? Ce n'est pas tout : sous les Mérovingiens, des assemblées du peuple étaient tenues ; ainsi les rois ne gouvernaient pas seuls. Sous les Carlovingiens, nouveau sujet d'orgueil : le Champ de Mars et le Champ de Mai y représentaient la liberté. Il n'est pas jusqu'aux rois Capétiens de qui le conseil des grands, rassemblés autour du trône, ne figurât le contrôle de l'exécutif. Tel est le tableau du plus lointain passé.

Ici l'historien prend un temps et se recueille, pour aborder la merveille de cette histoire, et célébrer dignement le sujet qui s'offre à lui, sujet si beau qu'on regrette de ne pouvoir faire entendre tout ce qu'il contient dans ce seul nom : la réunion des États Généraux.

La pratique en dura trois siècles. Ils constituaient, dit-on, le vrai parlement de la France, la garantie de ses libertés, la limite à l'empiétement royal, la pointe avancée de la bourgeoisie. Institution inestimable, qui fait honte à nos Chambres, et mieux qu'elles réalise le louable partage de l'autorité avec les délégués de la nation. Louis XIV y mit fin. Ce fut l'ère du despotisme, bientôt châtié (cent soixante-quinze ans plus tard) par la Révolution.

Tel est le tableau qu'on nous présente, et dont je me garde de charger aucun trait. L'introduction d'idées exclusivement modernes dans près de vingt siècles d'histoire le rend extrêmement ridicule. J'ajoute que tout en est faux : les faits comme la philosophie.

Aucune des institutions qu'on mentionne et dans lesquelles on se persuade de trouver, à tous les moments de l'histoire, l'équivalent d'une représentation, ne fut dans la réalité une institution de liberté. Cependant, aucun des rois qui gouvernèrent sans le concours d'une institution de ce genre, ne mérite d'être traité de despote. Aussi bien, le passé est si loin de fournir la moindre application à cette théorie, qu'il en brouille toute la nomenclature. Cela ne décourage pas nos docteurs. Il est vrai que quelques-uns en marquent leur étonnement. Philippe le Bel, roi despote comme on sait, n'a pas laissé de réunir les premiers États Généraux, institution de liberté.

Par un étrange contraste, écrit M. Georges Picot (1), ce fut le souverain engagé le plus hardiment dans la voie du despotisme, qui réunit les premiers États généraux.

Étrange contraste, en effet ; qui tient peut-être à l'idée fausse que l'auteur se fait à la fois des États Généraux, de Philippe le Bel et du despotisme. Mais la coutume d'aucun moderne n'est pas de s'interroger là-dessus. Ce que leur préjugé contredit dans l'histoire, ils le déclarent *étrange*, et c'est tout.

Fustel de Coulanges a parfaitement déduit le caractère du *conventus* de l'époque Carlovingienne, composé des grands du royaume et de leur escorte, ce qui composait une immense assemblée.

« Peut-être, dit-il, ce peuple, par l'effet de sa présence, aurait-il été tout-puissant. Mais il aurait fallu qu'il voulût l'être, et d'abord qu'il pensât à l'être. *Cette grande réunion ne représente que l'obéissance* : qui n'est pas un fidèle sujet n'y vient pas. Elle pourrait faire opposition ; mais, selon les idées de ces hommes, l'opposition se marquerait plutôt par l'absence. Elle n'est pas une garantie de liberté. Les

(1) *Histoire des États Généraux considérés au point de vue de leur influence sur le gouvernement de la France.*

hommes feraient plutôt consister la liberté à la supprimer. »

Il ajoute :

« On voit bien que de telles réunions deviendront hostiles à la royauté, le jour où les évêques et les comtes seront devenus indépendants d'elle ; mais, aussi longtemps que ces hommes seront ses premiers serviteurs, elles ne devront être qu'un moyen de gouvernement. Elles étaient un procédé commode pour faire parvenir au pouvoir central les forces et l'argent des sujets, et pour faire descendre vers les sujets les forces et les inspirations du pouvoir central Elles étaient la centralisation même sous sa forme la plus rigoureuse et la plus dure, puisque tous les hommes libres de l'Empire devaient chaque année se rendre en personne auprès de la personne du maître (1). »

Voilà ce qu'étaient le Champ de Mars et le Champ de Mai, voilà ce que les fameuses assises des volontés de la nation, rassemblées pour contrôler le pouvoir des rois, représentaient : l'obéissance. Il est vrai que les grands joignaient en ces occasions leur signature au sceau royal qui scellait les capitulaires. Mais ce qu'une préoccupation moderne nous fait imaginer de partage de l'autorité royale en cela, est démenti par les idées d'alors.

(1) *Transformations de la Royauté*, p. 411.

« Cette signature ne saurait signifier que ce sont eux qui ont fait la loi ; *elle signifie seulement qu'ils ont juré de l'observer*. Elle n'est pas une preuve de liberté politique, elle est une marque d'engagement. »

Fustel ajoute :

« Sans doute, il ne faudrait pas nier l'importance de cette sorte d'assentiment populaire. On voit aisément combien une promulgation ainsi faite en présence des hommes assemblés, sous forme de question, en leur demandant leur serment et leur signature, diffère d'une simple promulgation par cri public ou par voie d'affichage... *Mais l'historien ne doit pas s'y tromper*. Cette interrogation, ce consentement et cette signature n'avaient rien de commun avec une discussion et un vote populaire. Loin que l'idée de liberté y fût contenue, les hommes y voyaient plutôt une forme de l'obéissance (1). »

Après des conclusions de ce genre, appuyées de preuves qu'il sera facile de rechercher chez l'auteur même, il ne doit plus être permis à personne de nous représenter dans ces assemblées l'ombre d'un régime parlementaire, et de tirer de ce fait la condamnation des prétendus régimes d'absolutisme.

Pour les plaids de la première race, c'était bien moins encore : on n'y saurait voir proprement que des rendez-vous militaires; les nobles y donnaient

(1) Ouv. cit., p. 474.

leur avis, et le peuple sanctionnait ce que voulait le roi, par des acclamations.

Le régime féodal devait mettre fin à cette pratique de cours plénières. Les conseils que tinrent les Capétiens n'avaient ni ce déploiement ni cette solennité; l'affluence y était restreinte; mais quant à l'exercice de l'autorité, ils avaient le même caractère.

S'y rendre était regardé moins comme un privilège que comme un devoir : la loi en était rigoureuse. Souvent avec la personne du seigneur le roi exigeait qu'une escorte fût jointe. Beaucoup souhaitaient de s'en dispenser; mais ils n'osaient le faire sans excuse : l'un alléguait l'état de sa santé, l'autre le défaut de sécurité des pays qu'il fallait traverser, un troisième le retard des lettres royales. Le soin qu'ils prennent de chercher des raisons, montre qu'on ne voyait dans cette charge le gage avantageux d'aucun partage de l'autorité royale. M. Luchaire (1) nous fait voir, en 1150, l'abbé de Cluny, Pierre le Vénérable, expliquant au régent Suger les inconvénients qui l'empêchent de se rendre au colloque de Chartres. C'est une bonne occasion de vérifier ce point.

De la part des ennemis du roi, l'hostilité se marquait par cette absence. Cet effet suffirait à distinguer les assemblées dont je parle, d assemblées de con-

(1) *Histoire des Institutions politiques de l'ancienne France sous les premiers Capétiens*, t. I, p. 255.

trôle, telles que nos Parlements. Il montre assez que le fait de paraître à ces assemblées, d'y paraître, dis-je, en conseiller, constituait en soi un acte d'obéissance, non de revendication.

Notre erreur à cet égard vient de l'habitude qu'on a prise, dans les temps modernes, d'imaginer dans toute assemblée du peuple ou des grands d'un royaume, une force rivale de la royauté. Le spectacle offert par quelques Chambres modernes et les systèmes politiques auxquels nous les rattachons, prévient si bien l'esprit, qu'on ne s'en peut défaire. Mais le principe des assemblées anciennes était entièrement différent. Elles étaient l'organe du souverain ; elles n'avaient lieu que pour la consultation ; aucune part de la souveraineté ne leur revenait : à aucun degré ni d'aucune manière elles ne partageaient l'autorité royale.

Quant aux États Généraux, je demande s'il n'est pas temps d'ôter aux défenseurs de la Révolution l'occasion de facile triomphe et le spectacle ridicule offert par les efforts de ce que j'appellerai un parlementarisme rétrospectif.

Des royalistes se croient bien forts quand, ayant épousé le préjugé parlementaire, ils en découvrent l'application avant la Révolution même, dans l'assemblée des États Généraux. M. Aubry-Vitet remarque(1) que,

1) *Les États Généraux avant 1789.* (*Revue des Deux Mondes*, 15 mai 1873.)

pour suffire à cette apologie, trois petites choses ont manqué aux États Généraux : la périodicité, une loi constitutionnelle et les attributions législatives. Comment peut-on négliger cela? Comment, en l'absence de ces points essentiels, peut-on espérer de les faire prendre pour l'organe d'un contrôle exercé par les sujets du roi sur son autorité ?

Cette importante fonction leur est déniée par tous les témoignages de l'histoire. L'histoire ne rapporte pas même précisément le temps auquel furent réunis les premiers États Généraux. Cependant c'était le règne de Philippe le Bel, sur lequel les témoignages ne manquent pas, et qui n'a rien de mystérieux pour nous. Comment pourrait-on supposer qu'une institution de cette portée capitale eût passé inaperçue des hommes? Le rôle qu'en plusieurs occasions de notre histoire nous prêtons à ces États, n'est pas un fait mieux vérifié. Trois cents ans après leur institution, lors de la fameuse assemblée de 1614, M. Aubry-Vitet remarque « l'indifférence des députés pour tout ce qui touche aux principes fondamentaux du gouvernement et à l'organisation du pouvoir central ». Tel fut le cas de ces États, les derniers qu'ait réunis l'ancienne monarchie avant ceux de 1789. Ceux qui voient dans l'ajournement d'une assemblée si peu politique une intention de despotisme, n'ont pas considéré cela. Nous ne voyons pas que ces derniers États se soient crus plus nécessaires à l'ordre du royaume, que les rois qui cessèrent de les convoquer, ne l'ont cru eux-mêmes.

On veut nous faire croire que leur rôle était de voter l'impôt, comme les Chambres anglaises. Mais ils n'ont jamais voté d'impôts que par occasion. M. Callery, dans son excellente *Histoire du Pouvoir royal d'imposer*, que j'ai déjà citée, démontre sans réplique que l'établissement des impôts n'eut aucune part à l'institution des États Généraux.

« Les États Généraux à leur origine, dit-il, n'ont jamais été consultés et n'ont jamais eu à se prononcer sur une question d'impôt. Leur réunion n'a jamais eu d'autre but alors que de décider si l'assistance militaire, qui féodalement était due au roi, serait donnée corporellement, ou compensée par une redevance pécuniaire spéciale. »

Il ne s'agissait proprement que de régulariser l'*aide de l'ost*. Tels sont les débuts et la fin d'une institution à laquelle on prétend faire la place si large dans l'économie de l'ancienne monarchie. Cette opinion ne tient pas devant l'histoire. Les États furent un conseil du roi, conseil extraordinaire dans sa convocation et dans son étendue. Ce que ces deux points entraînent de conséquences particulières, propres à changer la figure d'un tel conseil, est sans doute le fait de ces États ; mais il ne faut supposer rien davantage. On ne voit pas qu'ils aient présidé à aucun des grands événements de notre histoire, leur réunion fut toute de circonstance et d'intermittence ; en quinze siècles d'existence nationale, ils n'ont subsisté que trois cents ans. Pendant trois cents ans la monarchie Capétienne s'en est passée ; pendant deux cents ans, dans la période la plus prospère et la plus éclatante de notre histoire, on a renoncé à cette invention. Il est donc parfaitement contraire à ce que les faits ont de plus matériel, de représenter les États Généraux comme un organe essentiel de l'ancien gouvernement français.

La vérité est qu'en plusieurs circonstances ils ont beaucoup aidé ce gouvernement. Nos rois s'en sont servis avec beaucoup d'adresse, pour se laver, soit aux yeux de l'opinion, soit devant l'étranger, de plusieurs résolutions nécessaires à la prospérité du royaume. M. Rathery remarque à propos que Louis XI (classé despote par l'école libérale) est celui de nos rois qui a tiré le meilleur parti des États Généraux (1).

Donc ce qu'on nomme à grand tort despotisme, est bien plus ancien que Louis XIV, Richelieu ou Henri IV. Il remonte à saint Louis et à Philippe-Auguste ; il remonte à Hugues et à Robert Voici ce qu'au temps de ces rois, Abbon, légiste des premiers temps de la monarchie Capétienne, écrit :

Comme le devoir du roi est de connaître à fond les affaires du royaume tout entier, afin de n'y laisser subsister aucune injustice,

(1) V. l'appendice à la fin de l'ouvrage.

comment pourra-t-il suffire à une pareille tâche sans le consentement des évêques et des grands du royaume ? De quelle façon exercera-t-il son ministère en luttant contre la perfidie des rebelles, si les princes du royaume ne lui prêtent pas l'aide et le conseil *qu'ils lui doivent en raison de sa dignité*. En effet, il ne peut suffire seul à tout ce qu'il y a d'utile à faire dans le royaume (1).

Voilà ce qu'était le conseil du roi : un service imposé par la prérogative royale, rien qui ressemble à une émanation de la nation, organe des droits de celle-ci imaginés soit en antagonisme, soit en parallèle seulement avec la prérogative royale. Nulle trace d'un droit national distingué du royal. Tel est l'esprit de la monarchie Française à ses débuts.

Conformément à cette définition du conseil, voici ce qu'écrit le même Abbon de la prérogative royale :

Tout ce qu'établit la puissance des rois très glorieux doit être stable et incontesté, sous quelque forme que se manifeste sa volonté par la parole et par les actes. C'est pourquoi celui qui contrevient aux actes royaux prouve qu'il n'aime ni ne craint le roi (2).

Qu'on pèse l'importance de ceci. Il n'est tiré ni de la Politique de Bossuet, ni des procès-verbaux de l'Académie sous Louis XIV, ni même des légistes de Philippe le Bel : il est du onzième siècle, et du berceau même de l'institution monarchique. Il faut donc que ceux qui en détestent l'esprit, condamnent cette institution même.

(1) Luchaire, ouv. cit., t. I, p. 243.
(2) Même ouv., p. 43.

Aussi bien, n'est-il pas frappant de voir M. Luchaire, dans ses Premiers Capétiens, employer les mêmes termes pour désigner le principe de la monarchie française, que ceux dont on caractérise la monarchie de Louis XIV ? Il l'appelle un pouvoir « de droit divin », et il a raison.

Mais, dit-on, dans un semblable système, quelle garantie ont les personnes contre l'arbitraire royal ? Je réponds : dix siècles d'un pays comme le nôtre s'en sont accommodés, ne doutez donc pas qu'à cet égard les personnes aient eu satisfaction.

C'est que pouvoir absolu ne signifie pas pouvoir de caprice. Bossuet, au livre IV de sa Politique, a parfaitement marqué la différence. Un pouvoir absolu peut être raisonnablement exercé ; il le sera infailliblement, s'il est remis à quelque organe dont la position et la nature soient propres aux intérêts dont ce pouvoir dispose. Supposer que le bon fonctionnement d'un pouvoir ne vient que des limitations du dehors est une erreur des plus grossières. Le vrai régulateur des choses réside naturellement en chacune d'elles : les sanctions extérieures ne viennent qu'en second. De plus, il est ridicule de demander de pareilles sanctions à la force, quand il s'agit de limiter le pouvoir, maître par définition de la force.

Exiger cela, poser le problème dans ces termes, c'est chercher non pas la quadrature du cercle, qui se résout dans l infini, mais la simple réalisation de l'absurde. Une telle sanction doit être demandée aux égards que les hommes ont naturellement les uns pour les autres, aux mesures que la considération des choses leur impose naturellement. Dans une société bien réglée, ces liens se rendent extrêmement forts et passent en efficacité toutes les menaces de résistance authentiquées par les constitutions.

Celles-ci ne sauraient tout prévoir, elles ne sauraient non plus rien assurer ; de plus, les termes inflexibles qu'elles posent sont contraires à la nature des derniers et plus subtils effets des choses, qu'il s'agit ici de garantir. On peut bien espérer, par un article de code, de mettre en révolution les dernières classes d'une nation ; mais, quant aux résistances légitimes et nécessaires, seules des institutions bien ménagées peuvent les assurer aux extrémités du corps social. C'était le cas de l'ancien régime. Dans un des chapitres précédents, j'en ai montré quelques effets.

Rien n'est si faible que la Révolution, que tout moyen révolutionnaire, pour assurer le respect des personnes. Quant à chercher cette garantie dans les prérogatives avouées d'un corps élu, nous avons de quoi nous assurer en France de la vanité de ce dessein.

Ce qui peut assurer la gestion régulière d'intérêts remis soit à un magistrat, soit à un corps, c'est que ces intérêts soient les leurs. On nous répond que ce qui leur donne le *droit* de les gérer est l'élection. Mais quel intérêt a le public à voir sa défense remise à des hommes pourvus d'un tel droit ? Tout son intérêt est que cette défense soit prise efficacement et à propos ; par qui ce soit, il n'importe pas du tout. J'avoue que l'élection peut servir à cela, parce qu'elle peut servir à désigner les plus capables et ceux dont l'intérêt est le plus étroitement lié à l'intérêt qu'il s'agit de défendre ; mais cette liaison d'intérêt n'est pas assurée par la vertu de l'élection même, et parce que l'élu, craignant d'être renvoyé, ne pourrait pas rechercher autre chose que l'intérêt de ceux qui l'élisent. L'élection ne durant qu'un instant, rien n'est plus aisé que de la corrompre. Les passions de l'électeur, son ignorance, n'offrent pas moins de facilité pour cela, que la ruse et la violence des factions dominantes.

Voilà pour la volonté du corps élu. Quant à sa puissance, qu'est-elle ? Celle, dit-on, que confère naturellement la représentation du peuple. Mais cette représentation est aussi vague qu'immense. Sa force ne saurait résider ni dans l'injonction impérieuse d'un mandat particulier, ni dans l'ascendant des compétences, ni dans la menace de sanctions précises et prochaines ; elle ne réside en rien de ce qui, inclinant les hommes à des actes déterminés par la vue nette des effets et par le respect lucide des circonstances, font d'un échange légitime d'influences le train commun de l'ordre en ce monde. La force de ce corps est toute dans sa masse et dans la violence des passions troubles qu'il déchaîne. C'est un géant redoutable et stupide, que la raison met en défiance, les avertissements en fureur, mais que la ruse vulgaire et quelques cajoleries d'une coterie de fripons maîtrise sans peine.

A l'égard des particuliers son pouvoir de protection est nul. Le scandale d'une interpellation devant une assemblée soulevée, voilà son arme, violente et courte comme la Révolution. Arme au demeurant que sa propre violence use et consume, et qui dans notre République est aujourd'hui réduite à rien.

Ces réflexions mènent à préférer, pour la garantie des intérêts, des assemblées multiples et diverses à une assemblée unique. Ces assemblées distinctes sont plus efficaces pour le bien ; la résistance à l'arbitraire y trouve ses armes naturelles. Il est vrai qu'ils ne peuvent produire d'agitation, comme fait un Corps unique réuni dans la capitale, éclatante estrade où brûle de se signaler tout ce qu'un pays contient de bavards prétentieux, traînant la Révolution dans leur métaphore ; foyer toujours actif de troubles par le dramatique du spectacle qu'ils offrent. Il est peu de choses à quoi des États provinciaux et professionnels ne puissent servir et n'aient en effet servi aussi bien que des États Généraux; en revanche, ceux-ci sont sujets à causer mille maux dont les autres sont incapables.

Cela ne signifie pas qu'une assemblée unique n'ait pu avoir son usage légitime. Incapable de tenir lieu ni des groupements locaux, ni des intérêts associés, on imagine aisément des raisons de l'ajouter à ces différents corps. Mais l'extrême folie est que cette assemblée détienne aucune partie de la souveraineté ; et son frein nécessaire doit être fourni par des relations étroites avec les groupes locaux, qui ne lui laissent la liberté que de figurer des intérêts, chose légitime, et non des opinions, chose aussi dangereuse qu'inutile.

Tout ceci serait matière à de longs commentaires, car les moyens d'assurer l'ordre sont aussi variés que les circonstances, le caractère de la nation, ses intérêts présents, ses devoirs supérieurs, ses sentiments, ses préjugés mêmes. La mesure de ces choses change sans cesse ; aussi faut-il pour s'y accommoder le secours d'organes convenables, les textes de lois tout seuls ne sauraient y pourvoir.

Un point doit être ici retenu, c'est que l'existence d'un Parlement français ne fait rien pour la liberté, que le défaut de Parlement en France ne préjuge rien contre elle, et que l'accusation d'absolutisme, qui n'allègue pas d'autre raison que celle-là, repose exactement sur le vide.

APPENDICE

APPENDICE A L'INTRODUCTION.

Sur une question aussi importante que celle de la méthode historique, touchée avec plus de détail dans les discours prononcés à la commémoration de Fustel de Coulanges en 1905 (v. cidessous), et à propos de cet historien dans les *Maîtres de la Contre-Révolution*, on ne peut omettre de citer, pour la lumière qu'il donne en cette matière profane, le passage suivant de la récente Encyclique. On y trouvera signalé, chez les exégètes modernistes, une falsification précisément pareille à celle dont il s'agit.

Certains d'entre les modernistes, adonnés aux études historiques, paraissent redouter très fort qu'on les prenne pour des philosophes : de philosophie, ils n'en savent pas le premier mot. Astuce profonde. Ce qu'ils craignent, c'est qu'on ne les soupçonne d'apporter en histoire des idées toutes faites, de provenance philosophique, qu'on ne les tienne pas pour assez « objectifs », comme on dit aujourd'hui. Et pourtant, que leur histoire, que leur critique, soient pure œuvre de philosophie ; que leurs conclusions historico-critiques viennent en droiture de leurs principes philosophiques : rien de plus facile à démontrer. Leurs trois premières lois sont contenues dans trois principes philosophiques déjà vus : savoir, le principe de l' « agnosticisme » ; le principe de la « transfiguration » des choses par la foi ; le principe enfin que Nous avons cru pouvoir nommer de « défiguration »...

Au nom du troisième principe philosophique, les choses mêmes qui ne dépassent pas la sphère historique sont passées au crible : tout ce qui, au jugement des modernistes, n'est pas dans la « logique » des faits, comme ils disaient, tout ce qui n'est pas assorti aux personnes, est encore écarté de l'histoire...

Demande-t-on peut-être au nom de quel critérium s'opèrent de tels discernements ? Mais c'est en étudiant le caractère de l'homme, sa condition sociale, son éducation, l'ensemble des circonstances où se déroulent ses actes : toutes choses, si Nous l'entendons bien, qui se résolvent en un « critérium » purement « subjectif ». Car voici le procédé : ils cherchent à se revêtir de la personnalité de Jésus-Christ : puis tout ce qu'ils eussent fait eux-mêmes en semblables conjonctures, ils n'hésitent pas à le lui attribuer. Ainsi, absolument « a priori » et au nom de certains principes philosophiques qu'ils affectent d'ignorer, mais qui sont les bases de leur système, ils dénient au Christ de l'histoire « réelle », la divinité, comme à ses actes tout caractère divin ; quant à l'homme, il n'a fait ni dit que ce qu'ils lui permettent, eux, en se reportant aux temps où il a vécu, de faire ou de dire...

D'après le philosophe, une loi domine et régit l'histoire, c'est l'évolution. A l'historien donc de scruter à nouveau les documents, d'y rechercher attentivement les conjonctures ou conditions que l'Église a traversées, au cours de sa vie, d'évaluer sa force conservatrice, les nécessités intérieures et extérieures qui l'ont stimulée au progrès, les obstacles qui ont essayé de lui barrer la route, en un mot ce qui peut renseigner sur la manière dont se sont appliquées en elle les lois de l'évolution. Cela fait, et comme conclusion de cette étude, il trace une sorte d'esquisse de l'histoire de l'Église ; le critique y adapte son dernier lot de documents, la plume court, l'histoire est écrite. — Nous demandons : qui en sera dit l'auteur ? L'historien ? Le critique ? A coup sûr, ni l'un ni l'autre, mais bien le philosophe. Du commencement à la fin, n'est-ce pas l' « a priori ? » Sans contredit, et un « a priori » où l'hérésie foisonne. Ces hommes-là nous font véritablement compassion : d'eux l'Apôtre dirait : « Ils se sont évanouis dans leurs pensées... se disant sages, ils sont tombés en démence. » Mais où ils soulèvent le cœur d'indignation, c'est quand ils accusent l'Église de torturer les textes, de les arranger et de les amalgamer à sa guise et pour les besoins de sa cause. Simplement, ils attribuent à Église ce qu'ils doivent sentir que leur reproche très nettement leur conscience...

Ils l'écrivent, cette histoire, et si imperturbablement, que vous diriez qu'ils ont vu de leurs yeux les écrivains à l'œuvre, alors que, le long des âges, ils travaillaient à amplifier les Livres Saints. — La critique « textuelle » vient à la rescousse ; pour confirmer cette histoire du texte sacré, ils s'évertuent à montrer que tel fait, que telle parole n'y est point à sa place, ajoutant d'autres critiques du même acabit. Vous croiriez, en vérité, qu'ils se sont construit certains types de narrations et de discours, sur lesquels ils jugent ce qui est ou ce qui n'est pas déplacé. — Et combien ils sont aptes à ce genre de critique ! A les entendre vous parler de leurs travaux sur les Livres Sacrés, grâce auxquels ils ont pu découvrir en ceux-ci tant de choses défectueuses, il semblerait vraiment que nul homme avant eux ne les a feuilletés, qu'il n'y a pas eu à les fouiller en tous sens, une multitude de docteurs infiniment supérieurs à eux en génie, en érudition, en sainteté ; lesquels docteurs, bien loin d'y trouver à redire, redoublaient au contraire, à mesure qu'ils les scrutaient plus profondément, d'actions de grâces à la bonté divine, qui avait daigné de la sorte parler aux hommes. C'est que, malheureusement, ils n'avaient pas les mêmes auxiliaires d'études que les modernistes, savoir, comme guide et règle, une philosophie venue de l'agnosticisme, et comme critérium, eux-mêmes.

APPENDICE AU CHAPITRE IX.

Malgré le caractère particulier du sujet, on ne refusera pas, je crois, de prendre une connaissance plus approfondie des origines de l'esthétique réformée, dans quelques citations de l'extravagant *Essai sur l'Architecture* de l'abbé Laugier.

LAUGIER, « ESSAI SUR L'ARCHITECTURE », CHAPITRE Ier.

Il en est de l'architecture comme de tous les autres arts : ses principes sont fondés sur la simple nature, et dans les procédés de celle-ci se trouvent clairement marquées les règles de celle-là. Considérons l'homme dans sa première origine, sans autre secours, sans autre guide que l'instinct naturel de ses besoins. Il lui faut un lieu de repos. Au bord d'un tranquille ruisseau, il aperçoit un gazon ; sa verdure naissante plaît aux yeux. Son tendre duvet l'invite, il vient, et mollement étendu sur le tapis émaillé, il ne songe qu'à jouir en paix des dons de la nature. Rien ne lui manque, il ne désire rien. Mais bientôt l'ardeur du soleil qui le brûle, l'oblige à chercher un abri. Il aperçoit une forêt qui lui offre la fraîcheur de ses ombres ; il court se cacher dans son épaisseur, et le voilà content. Cependant mille vapeurs élevées au hasard se rencontrent et se rassemblent, d'épais nuages couvrent les airs, une pluie effroyable se précipite comme un torrent sur cette forêt délicieuse. L'homme, mal couvert à l'abri de ses feuilles, ne sait plus comment se défendre d'une humidité incommode qui le pénètre de toute part. Une caverne se présente, il s'y glisse, et se trouvant à sec, il s'applaudit de sa découverte. Mais de nouveaux désagréments le dégoûtent encore de ce séjour. Il s'y voit dans les ténèbres, il y respire un air malsain, il en sort, résolu de suppléer par son industrie aux inattentions et aux négligences de la nature.

L homme veut se faire un logement qui le couvre sans l'ensevelir. Quelques branches abattues dans la forêt sont les matériaux propres à son dessein. Il en choisit quatre des plus fortes, qu'il élève perpendiculairement, et qu'il dispose en carré. Au-dessus il en met quatre autres en travers ; et sur celles-ci il en élève qui s'inclinent, et qui se réunissent en pointe des deux côtés Cette espèce de toit est couvert de feuilles assez serrées pour que ni le soleil, ni la pluie ne puissent y pénétrer ; et voilà l'homme logé. Il est vrai que le froid et le chaud lui feront sentir leur incommodité dans sa maison ouverte de toutes parts ; mais alors il remplira l'entre-deux des piliers, et se trouvera garanti.

Telle est la marche de la simple nature ; c'est à l'imitation de ses procédés que l'art doit sa naissance. La petite cabane rustique que je viens de décrire, est le modèle sur lequel on a imaginé toutes les magnificences de l'architecture ; c'est en se rapprochant dans l'exécution de la simplicité de ce premier modèle, que l'on évite les défauts essentiels et que l'on saisit les perfections véritables.

Les pièces de bois élevées perpendiculairement nous ont donné l'idée des colonnes. Les pièces horizontales qui les surmontent nous ont donné l'idée des entablements. Enfin les pièces inclinées qui forment le toit nous ont donné l'idée des frontons : voilà ce que tous les maîtres de l'art ont reconnu. Mais qu'on y prenne bien garde : jamais principe ne fut plus fécond en conséquences. Il est facile désormais de distinguer les parties qui entrent essentiellement dans la composition d'un ordre d'architecture, d'avec celles qui ne s'y sont introduites que par besoin ou qui n'y ont été ajoutées que par caprice. C'est dans les parties essentielles que consistent toutes les beautés. Dans les parties ajoutées par besoin consistent toutes les licences. Dans les parties ajoutées par caprice consistent tous les défauts.

Ne perdons point de vue notre petite cabane rustique. Je n'y vois que des colonnes, un plancher et un entablement, un toit pointu dont les deux extrémités forment chacune ce que nous nommons un fronton. Jusqu'ici point de voûte, encore moins d'arcade, point de piédestaux, point d'attique, point de porte même, point de fenêtre. Je conclus donc et je dis : Dans tout ordre d'architecture, il n'y a que la colonne, l'entablement et le fronton qui puissent entrer essentiellement dans sa composition. Si chacune de ces trois parties se trouve placée dans la situation et avec la forme qui lui convient, il n'y aura rien à ajouter pour que l'ouvrage soit parfait.

A ces audacieuses décisions, il y a profit à opposer la protestation de la pratique traditionnelle, dans le suivant passage extrait d'une réfutation contemporaine.

LAFONT DE SAINTE-YENNE, « EXAMEN D'UN ESSAI SUR L'ARCHITECTURE », p. 5 à 7, 11 à 12, 33 à 43.

Après la description de la structure et de la simplicité de nos premières habitations, l'auteur établit une relation à la rigueur de toutes les parties de nos édifices avec celles de ces bâtiments rustiques et informes qu'il appelle la nature.

Et pourquoi penser qu'on ne puisse un peu s'éloigner de ces grossières et informes productions ? Si les hommes eussent toujours été plongés dans leur première rusticité et leur stupide ignorance tels que nos sauvages de l'Amérique, ils n'auraient encore que ces mêmes cabanes pour retraite : semblables aux brutes qui n'ont rien ajouté depuis leur création à ce qu'un instinct aveugle et involontaire les a forcés d'opérer. Mais à quel dessein l'auteur de notre être, qui agit toujours avec une sagesse profonde et n'a rien créé d'inutile, nous eût-il donné une industrie si supérieure à tous les animaux ? Pourquoi nous inspirer l'amour des arts, de leur progrès, de leur perfection, si l'on doit se borner à ces grossiers principes et y rapporter toutes nos productions ?...

Les colonnes, dit-il, doivent être rondes, parce que la nature ne fait rien de carré. Voilà un principe aussi nouveau qu'il est bizarre. Ne trouve-t-on pas dans presque toutes les carrières des pierres de cette forme produites par la nature ?...

Mais je lui passe que la nature n'ait rien produit de carré, est-ce une raison pour assujettir l'art à ne travailler que sur des formes rondes ? Il s'ensuivrait de ce raisonnement que le plan de nos habitations devrait être circulaire, tous nos édifices avoir la forme d'un colombier, et nos églises celles d'une rotonde...

Un autre abus qu'il trouve intolérable en architecture, ce sont les colonnes torses. Il s'en faudra beaucoup que nous soyons du même avis. Je sais que sa forme serait extrêmement choquante si elle était employée à porter les masses pesantes d'un grand édifice. Alors tout ce qui semble s'écarter de l'aplomb est insupportable à la vue, parce qu'il en exclut l'apparence de solidité. Mais il n'en est aucune qui soit mise à cet usage. Si le cavalier Bernin s'en est servi au baldaquin de Saint-Pierre, ce savant homme ne l'a fait qu'avec choix et jugement. Quoi de plus ridicule que d'employer dans tous nos baldaquins, pour soutenir une maigre portion d'entablement qui ne porte presque rien lui-même, des colonnes pleines et massives, dont les proportions et la forme sont égales à celles qui portent des poids énormes ?. . La colonne torse étant évidée spiralement dans toute son étendue ou depuis son tiers, a beaucoup plus de légèreté que la colonne pleine, et convient parfaitement aux compositions sveltes et de pure décoration, qui demandent très peu de solidité.

... Ne nous éloignons point entièrement de la nature, nous ne produirions que des monstres ; mais aussi ne nous en approchons pas de si près qu'on ne puisse la distinguer d'avec l'art, et qu'il perde le plus précieux de ses droits, celui de varier nos plaisirs et de les rendre plus vifs par les heureux effets d'une irrégularité approuvée.

APPENDICE AU CHAPITRE XVI.

L'*Action Française* a publié le 1er septembre 1906, sous cette signature : *Un vieux Royaliste*, une lettre adressée à M. Vaugeois, que je crois indispensable de joindre au chapitre de l'Absolutisme. Elle a pour objet particulier les rapports du roi avec les États Généraux sous l'ancien régime, et apporte sur ce point des réflexions et des témoignages qu'on ne saurait trop relire et méditer.

Cette lettre est née d'une controverse qui s'éleva entre l'*Action Française* et quelques théoriciens, aux yeux de qui l'exercice légitime du pouvoir n'appartient au roi que *sous le contrôle* des États, et qui donnaient cette théorie comme l'expression de l'ancien droit public français. Cela ne peut se faire qu'en passant sous silence, ou en arrangeant à sa guise les faits les plus authentiques de l'histoire.

En voici la preuve dans cette lettre :

Monsieur,

Je prends la liberté de vous communiquer quelques textes historiques.

On vous écrit : « En 1506, les États de Blois n'ont-ils pas cassé le traité signé de Louis XII qui accordait à Charles d'Autriche la main de Claude de France ? »

L'autorité des savants Bénédictins auteurs de l'*Histoire de Bretagne* est indiscutée. Leur récit, que je vous ai transcrit, donne une tout autre physionomie à l'intervention des États, intervention qui s'est produite sur l'initiative du Roi. Les États exposent leurs remontrances, le Roi déclare les avoir pour agréables, il en délibère en son Conseil, PREND UNE DÉCISION, que le Chancelier fait connaître aux États.

En écrivant que, en 1468, à Tours, les États Généraux se sont opposés au démembrement de la Normandie, votre contradicteur ne fait pas ressortir ce qui, je crois, est la vérité historique : c'est que les délibérations des États, conduites par Louis XI qui était habile homme et savait manier les esprits, ne firent que couvrir ses desseins secrets et lui permirent de compter sur des subsides pour faire la guerre au duc de Bretagne. C'est en parlant de Louis XI qu'un de nos vieux jurisconsultes bretons du XVIe siècle disait que *ce roi fut le premier qui mit son autorité hors de pair*.

J'avoue ne pas comprendre non plus cette expression : « le pouvoir *particulier* (1) du Roi qui s'est exercé seul sans contrôle pendant 175 ans ».

Comme vous l'avez écrit, Monsieur, la méthode de l'*Action Française* est historique. Le pouvoir royal a

(1) Opposé dans la même lettre à *pouvoir général*, seul national et légitime.

présenté des aspects bien divers depuis Hugues Capet jusqu'à 1789. Les limites de son autorité ont varié, non seulement suivant les époques, mais, pour la même époque, *suivant le pays où il s'exerçait.* Au XVe siècle, il s'exerçait très différemment en Ile-de-France et en Bretagne. Au-dessus des formules sont les réalités.

Très modeste chercheur de province, fouilleur d'archives et de vieux livres, j'avoue avoir quelque peine à me détacher de l'étude des faits, et je ne vois pas comment le Roi, dans l'exercice de son autorité, depuis Louis XIV n'a pas exercé un pouvoir national ! Je vous communique à ce propos quelques pages d'un Exposé que je trouve fort bien fait sur la Constitution française à l'époque de Montesquieu (1). Il est extrait d'un ouvrage qui, je crois, n'est plus très connu et dans lequel on trouve d'excellentes choses, *Mémoires pour servir à l'histoire du Jacobinisme*, par l'abbé Barruel, Londres, 1797. L'auteur a vécu sous l'ancien régime, le connaît bien et n'hésite pas à attribuer la Révolution, non à la mauvaise constitution des Français, mais à *la corruption de l esprit public par les philosophes* et à l'action des sociétés secrètes. Cet extrait fait voir comment *sous l'ancien régime* le pouvoir absolu du Roi rencontrait ses justes limites.

Quelle sera la Monarchie de demain, si Dieu nous fait la grâce de la voir? En relisant les heureuses for-

(1) V. ci dessous, p. 255.

mules de M. André Buffet dans l'*Enquête sur la Monarchie*, je songeais que les Constitutions les plus écrites oscillent et se transforment sous l'influence des faits et des événements, mais que LE PAYS A MAINTENANT BESOIN D'UN POUVOIR FORT, DE LIBERTÉS PRÉCISES, et que le jour venu, LE ROI SERA LE MEILLEUR JUGE DES LIMITES DU POUVOIR DE L'ÉTAT MODERNE. L'expérience décevante de l'Assemblée Nationale devrait éclairer les honnêtes gens et leur faire comprendre qu'il faut placer avant tout l'institution de la royauté.

Après la guerre de la Ligue, Henri IV alla à Rennes. La province avait été en proie à l'anarchie violente pendant huit ans. Un gentilhomme, M. de Montgommery, avait été comme les autres mandé par le Roi pour le venir trouver à Rennes. Comme tous les capitaines des divers partis, sa conscience n'était pas très tranquille et il fit quelques difficultés pour se rendre à l'invitation. Lorsque Henri IV le vit venir, il se tourna vers M. de Lourdeac et dit assez haut pour être entendu de tout le monde : « *Messieurs, la fête des Rois est passée.* » Le vieux bourgeois breton qui a relaté cet épisode en son journal ajoute : « Chacun le pensa « comprendre, car il y avait plus de 10.000 rois en « Bretagne, je vous laisse à penser du surplus ! »

L'anarchie n'est plus sanglante : mais n'avons-nous pas aujourd'hui encore 10.000 rois, — francs-maçons, protestants, juifs, métèques, — du Parlement et de la France, qui nous espionnent, nous dénoncent, nous contrôlent et ne sont pas contrôlés ? Faisons un Roi qui nous gouvernera à la Béarnaise, et, comme vous le dites avec raison, « ne cherchons pas à étrangler dans une antithèse juridique soit l'autorité vitale du Roi, soit les fortes et salubres libertés du pays ».

Excusez, je vous prie, Monsieur, la longueur de cette lettre. Ligueur d'Action française, je me suis permis de vous envoyer un extrait de nos vieux historiens bretons sur un point où il m'a semblé que votre contradicteur se trompait ; j'y ai joint une coupure plus longue d'un Français du XVIIIe siècle, qui aurait, je crois, souscrit volontiers soit à la formule de M. de la Tour du Pin : « le droit royal n'admet pas de partage, mais seulement des limites », ou à celle équivalente de M. Maurras : « le Roi de France, protecteur des Républiques françaises » (1).

I. — Les États de 1468 et le roi Louis XI (2)

« Le Roi informé de tout ce qui se tramait contre lui en Angleterre, crut qu'il n'aurait jamais de paix et qu'il ne pourrait compter sur aucun traité tant que son frère serait entre les mains des mécontents. Pour leur enlever tout prétexte de brouiller, il convoqua les

(1) V. L'*Enquête sur la Monarchie*, par Charles Maurras, aux bureaux de la *Gazette de France*.

(2) Dom Morice, *Histoire de Bretagne*, t. II, p. 107.

États à Tours pour le 1er d'avril afin qu'ils réglassent eux mêmes l'apanage de Monsieur. L'ouverture s'en fit le 6 d'avril : le Roi qui savait manier les esprits sut amener les États au but qu'il s'était proposé. Il fut décidé dans cette assemblée que la Normandie était tellement unie à la couronne que le Roi ne pouvait l'en séparer; qu'on donnerait à Monsieur pour apanage 12.000 livres de rente, etc. Qu'à l'égard du duc de Bretagne qui retenait Monsieur, qui avait osé faire la guerre à son souverain et traiter avec les ennemis de l'État, il serait sommé de rendre ce qu'il avait pris, que s'il refusait de le faire, le Roi était autorisé à lui déclarer la guerre et que les États lui offraient tous les secours qu'il devait attendre du zèle et de la fidélité de ses sujets. Cette délibération, si conforme aux vues de Louis XI, le confirma dans son dessein de pousser vivement le duc de Bretagne ; mais il était arrêté par la crainte du duc de Bourgogne et il aurait bien souhaité que ce prince adhérât aux résolutions des États ; il lui en fit faire la proposition, mais le duc la rejeta fièrement; cependant il consentit que la trêve entre lui et le Roi fût prolongée de deux mois. »

Mais c'est de la lecture de l'histoire de ces troubles civils, histoire assez longue, qu'on saisit très bien que les États de Tours furent un acte de politique habile de la part de Louis XI.

II. — Sur les États de 1506 et le roi Louis XII (1).

« Les États du Royaume étant assemblés à Tours dans ce mois-là (mai 1506), les députés des ordres allèrent trouver le Roi au Plessis le 14, et Maître Thomas Bucot portant la parole, après avoir représenté au Roi les alarmes que sa maladie avait données à tout le royaume et lui avoir, après plusieurs éloges, donné le titre de *Père du peuple,* le supplia au nom de tous les États de donner Madame Claude sa fille unique en mariage au duc de Valois. Le Roy, ayant concerté sa réponse avec les cardinaux d'Amboise et de Narbonne et le chancelier, dit aux députés : que, s'il avait gouverné ses peuples de manière à faire regretter sa perte, il espérait, avec le secours de Dieu, faire encore mieux dans la suite et que, pour ce qui était du mariage proposé, il prendrait là-dessus l'avis des princes de son sang. Il tint conseil, en effet, le 18. L'évêque de Paris parla le premier, et après lui les premiers présidents de Paris et de Bordeaux, qui firent fort de grands discours pour lever toutes les difficultés qu'on pourrait former contre le mariage proposé, à quoi ils réussirent si bien, qu'il fut résolu tout d'une voix que l'on accorderait ce que les États demandaient. Le Chancelier déclara le lendemain cette résolution

(1) Extrait de l'*Histoire de Bretagne* de Dom Lobineau, t. I, Paris, chez la veuve de F. Muguet, 1717, p. 830.

aux députés en présence du Roy, des princes et de tout le conseil, et que les fiançailles se feraient le 21, comme elles se firent effectivement, dans une salle du Plessis où l'Infant de Foix apporta Madame Claude entre ses bras ; le cardinal d'Amboise la fiança avec e jeune duc de Valois ; et le Roy fit faire serment par tous les princes, barons du royaume et députés des États et en particulier par ceux de Bretagne : qu'ils exposeraient corps et biens pour faire accomplir le mariage de Monsieur de Valois et de Madame Claude, aussitôt qu'ils seraient en âge de le consommer, et que, si le Roy mourait sans enfant mâle, Monsieur de Valois serait reconnu pour roi. Le lendemain on dressa le traité de mariage, etc... »

III. — Même sujet (1).

« Ce traité était si avantageux à Maximilien et si préjudiciable aux intérêts de l'État qu'il y a assez d'apparence que le Roi ne l'avait fait que dans la vue d'abattre la puissance des Vénitiens *sans avoir envie de l'exécuter*. Et, en effet, on ne pouvait concevoir comment le Roi s'était déterminé à transporter à une maison rivale non seulement le duché de Milan et le comté d'Ast, mais encore les plus beaux domaines de la couronne, tels que la Bretagne, la Bourgogne, le comté

(1) Extrait de l'*Histoire de Bretagne* de Dom Morice, t. II, Paris, Delaguette, 1756, p. 238.

de Blois et le Mâconnais. Les princes, la noblesse et les principales villes sentirent toutes les conséquences de ce traité ; ils s'assemblèrent pour chercher les moyens de les prévenir, et ils proposèrent au Roi d'assembler les États du royaume pour délibérer sur cette matière. Ce prince, qui s'était déjà repenti de ce traité, écouta avec bonté les représentations qu'on lui fit à ce sujet, *charmé d'avoir ce prétexte de manquer à sa parole avec quelque honneur*. Il consentit à la proposition qu'on lui fit et convoqua les États à Tours pour le mois de mai.

« Ceux qui devaient les composer était assemblés, les députés de tous les ordres allèrent trouver le Roi au Plessis, et le docteur Thomas Bricot porta la parole au nom de tous. Après avoir loué le Roi par l'endroit qui lui était le plus sensible, c'est-à-dire par la tendre affection qu'il avait pour ses sujets, il peignit d'une manière vive et pathétique les alarmes que la crainte de le perdre avait causées à son peuple pendant sa dernière maladie. Il s'étendit ensuite sur les inconvénients du mariage de Madame Claude avec un prince étranger ; il fit sentir de quelle importance il était pour l'État de démembrer tant de belles provinces, dont la possession donnait aux ennemis l'entrée jusque dans l'intérieur du royaume toutes les fois qu'ils voudraient faire la guerre à la France. Il supplia le Roi au nom de tous ses sujets de rompre ce mariage et de faire épouser la princesse au comte d'Angoulème, héritier présomptif de la couronne.

« Le Roi, après avoir concerté sa réponse avec les cardinaux d'Amboise et de Narbonne, dit aux députés qu'il était sensible aux nouvelles marques d'affection qu'il recevait de leur part, qu'il se ferait toujours un devoir de les gouverner avec bonté, qu'il avait pour agréable la remontrance des États, mais que l'affaire dont il s'agissait était si importante qu'avant de leur donner une réponse positive, il en voulait conférer avec les princes et les seigneurs de son conseil. Les Bretons étaient plus intéressés encore que les autres à ce mariage qui aurait transporté le duché à un prince étranger. Les députés de cette province, qui arrivèrent à Tours pour assister aux États, présentèrent en leur nom une requête au Roi pour le prier de ne point passer outre dans une affaire qui devait avoir des suites si funestes pour le royaume en général et spécialement pour la Bretagne. Louis XII tint un grand conseil où furent appelés les personnages les plus considérables des trois États. Le Roi exposa qu'il n'avait rien de plus à cœur que les intérêts de son peuple et que, pour cette raison, il accorderait volontiers la demande qu'on lui faisait, mais qu'il avait donné sa parole pour ce mariage et qu'il ne pouvait y manquer sans se déshonorer. L'évêque de Paris, qui parla le premier, représenta à ce prince qu'en vertu du serment de son sacre *il était obligé de procurer les avantages du royaume et la tranquillité de ses sujets, qu'il n'était point en son pouvoir d'aliéner le domaine de la couronne, à moins que cette aliénation ne fût très avantageuse à l'État ;* que celle dont il s'agissait était très préjudiciable à la France ; qu'enfin les serments qu'il avait faits ne pouvaient obliger la princesse en bas âge ; qu'ils suppliaient de nouveau Sa Majesté de la faire épouser au comte d'Angoulême. Le Roi, vaincu par toutes ces raisons, fit tenir le lendemain l'assemblée générale des États. Le chancelier déclara au nom de ce prince qu'il accordait à leur zèle ce qu'ils lui avaient demandé avec tant d'instance, etc.

« Le Roi donna avis de ce qu'il venait de faire à Maximilien, à Philippe d'Autriche et au roi d'Angleterre. Les deux premiers en furent piqués, mais ils n'étaient point en état de marquer leur ressentiment Henri VII fut très chagrin de ce changement... Cependant, comme il n'y avait point de remède à ce mal, il fit complimenter le Roi sur cet événement. »

IV. — Contre la division des pouvoirs et le partage de la souveraineté, — ou critique des divisions de Montesquieu (1).

« Pour juger à quel point le système de Montesquieu *appelait de lui-même les révolutions,* il faut se reporter au temps même où il fut publié. Quelles qu'eussent

(1) *Mémoires pour servir à l'histoire du Jacobinisme,* par l'abbé Barruel, t. I, p. 51 et suivantes.

été dans les premiers siècles de leur Monarchie, les formes législatives des Français, il est constant qu'à cette époque leurs rois, et, suivant l'aveu de Montesquieu lui-même, la plupart des rois, réunissaient au droit de faire exécuter les lois, celui de porter eux-mêmes toutes celles qu'ils croyaient nécessaires ou bien utiles à leur empire, et celui de juger tout citoyen infracteur de la loi.

« La réunion de cette triple autorité constituait un monarque absolu, c'est-à dire un véritable souverain pouvant absolument lui seul tout ce que peut la loi.

« A cette époque, les *Français étaient loin de confondre ce pouvoir absolu avec le pouvoir arbitraire du despote ou du tyran*. Dans tout gouvernement, en effet, il existe et il faut qu'il existe un pouvoir absolu, un dernier terme d'autorité légale ; sans quoi les discussions et les appels seraient interminables, mais il ne faut nulle part un pouvoir arbitraire et despotique.

« Ce pouvoir absolu se trouve et dans les républiques et dans les États mixtes. Là on pourra le voir dans un Sénat ou dans une assemblée de députés ; ici dans le mélange d'un Sénat et d'un roi. Les Français le trouvaient dans leur roi, dont la volonté suprême et légalement manifestée était le dernier terme de l'autorité politique.

« Cette volonté, suprême et devenue loi par les formes requises, était un lien pour le roi même comme pour les sujets. Ce n'est pas simplement Henri IV et son ministre Sully qui reconnaissent que la première loi du souverain est de les observer toutes, *c'est Louis XIV au milieu de sa gloire*, c'est ce prince dont les sophistes ont affecté de faire un vrai despote ; c'est Louis XIV qui proclame le plus hautement, jusque dans ses édits, cette obligation, et nous tient ce langage : *Qu'on ne dise point que le souverain ne soit pas sujet aux lois de son État, puisque la proposition contraire est une vérité du droit des gens, que la flatterie a quelquefois attaquée, mais que les bons princes ont toujours défendue comme une vérité tutélaire de leurs États. Combien plus il est légitime de dire que la parfaite félicité d'un royaume est qu'un prince soit obéi de ses sujets, et que le prince obéisse à la loi, et que la loi soit droite et dirigée au bien public !* (Préambule d'un édit, 1667.)

« Avec cette obligation seule dans le souverain, il n'est plus rien de despotique ou d'arbitraire. Car, dans le sens de nos langues modernes, le despote est celui qui n'a de règle que ses caprices ou ses volontés instantanées et sous lesquelles nul citoyen ne peut être tranquille, parce qu'il ne sait pas même si son maître ne le punira pas aujourd'hui de ce qu'il lui commandait hier.

« Le pouvoir de faire la loi avait lui-même ses règles chez les Français. Il était d'abord subordonné à toutes les lois primitives et naturelles de la justice ; il ne pouvait s'étendre au droit de violer les propriétés, la sûreté, la liberté civile. Il était *absolument nul* contre les lois fondamentales du royaume, *contre les pactes, les coutumes, les privilèges même des provinces ou des corps, que chaque Roi faisait à son sacre le serment de maintenir;* il était modéré par le devoir et les droits inhérents à ces corps de magistrature, chargés d'examiner les lois avant leur promulgation et de représenter au souverain ce qu'elles pouvaient avoir de contraire au bien public Il l'était par la discussion des lois à son Conseil, *par son intérêt même qui lui permettait peu de faire des lois dont l'injustice aurait pu se tourner contre lui-même*, puisqu'il y était soumis comme les autres, dès qu'elles étaient portées. Il l'était enfin par l'objet même de la loi, qui, étant général, ne lui permettait pas de se laisser conduire en la portant par des vues, des haines, des vengeances particulières.

« Bien plus que tout cela, un lien moral, que l'on sait avoir été en France aussi fort que partout ailleurs, un amour, une confiance, une estime, un enthousiasme réciproque entre les Français et leur roi, repoussaient toute idée d'un monarque despote et arbitraire. Les rois savaient très bien qu'ils régnaient sur un peuple libre et dont le nom même signifiait homme libre (1). Ils avaient tellement mis leur gloire à ne régner que sur des hommes libres, qu'ils avaient successivement aboli presque tous les vestiges de l'ancien régime

(1) Confusion étymologique sans importance ici.

féodal, et que tout homme esclave ailleurs était déclaré libre par cela seul qu'il mettait le pied en France.

« Enfin, s'il est vrai de dire que la liberté politique consiste en deux choses : 1° en ce qu'un citoyen puisse faire impunément tout ce qui n'est pas défendu par les lois, 2° en ce que les lois ne prescrivent ou ne défendent rien au particulier que pour le bien de la société générale, on peut avec confiance en appeler à l'expérience. Tout homme honnête et observant les lois de l'empire, où était-il plus libre, où marchait-il plus sûrement tête levée qu'en France ?

« On peut dire qu'il y avait des abus dans cet empire, on pourrait ajouter que ces abus, les uns provenaient du caractère des Français et *d'un excès plutôt que d'un défaut de liberté ;* que les autres, et surtout les abus d'autorité, étaient la faute de ceux mêmes qui ont le plus crié contre ces abus, c'est-à-dire des sophistes qui, détruisant les mœurs et les principes, auraient dû s'étonner un peu moins que des ministres immoraux, impies et sans principes fissent taire la loi devant leurs passions et leurs intérêts. Personne ne se plaignait que de la violation des lois : c'était donc leur observation et non pas leur bouleversement et des révolutions qu'il fallait solliciter. »

. . . .

« Garat, qui avant la Révolution était de ceux qui prêchaient la souveraineté du peuple, n'en disait pas moins : Aujourd'hui toutes les lois émanent de la volonté suprême du monarque, qui n'a plus la nation entière pour son conseil ; mais son trône est si accessible que les vœux de la patrie y parviennent toujours. » (*Répertoire de Jurisprudence*, art. « Souveraineté », par Garat, cité par Barruel.)

Commentaire. — Pour résoudre cette question : *quelle est la vraie constitution de la France ?* et pour rester dans la méthode de l'*Action Française*, il convient, semble-t-il, de l'envisager au point de vue de l'intérêt national, en distinguant le *passé* et le *présent*.

1° Quelles seraient en ce moment les institutions les plus propices pour relever le pays ? L'Enquête sur la Monarchie, qui est à la base des travaux de l'*Action Française*, a fixé et le caractère du pouvoir royal et ses limites, déterminées par les libertés nationales, en termes si heureux, qu'elle a été comme un renouveau pour l'idée monarchiste.

2° Quelles furent dans le passé les institutions les plus favorables, celles qui ont procuré le plus de grandeur utile à la patrie ? Il faudrait proprement, pour répondre à ceci, faire l'histoire des institutions françaises, qui certes ont bien varié. Vouloir faire tenir cette histoire dans une formule peut paraître un point de vue encore plus inexact que celui de régler la constitution d'un État par un texte écrit. Les passions humaines, les faits, la force des choses en un mot, transforment sans cesse les conceptions les plus habiles. Pour l'analyste qui s'en tient aux événements historiques tels quels, IL N'EXISTE PAS DANS L'HISTOIRE UNE CONSTITUTION IDÉALE FRANÇAISE, mais une série de transformations du pouvoir en France.

Quelle fut la nature du pouvoir royal ? Quelles furent ses limites à un moment donné de l'histoire ? Cette question même n'est pas encore simple ; il faut distinguer, comme l'indiquait ma dernière lettre, suivant le territoire dont on s'occupe : encore une fois, au XVe siècle, l'action du pouvoir royal n'était pas la même en Ile-de-France et en Bretagne.

Enfin chacune des modalités d'exercice de cette action si variable dans l'espace a beaucoup varié suivant les temps.

Mais un fait clair, évident, manifeste, *c'est la concordance de l'extension du pouvoir royal et de la formation de l'unité française*. Quel fut l'aboutissement de cette extension ? A la fin du XVIIIe siècle, l'abbé Barruel, qui a vécu sous l'ancien régime, a tracé le tableau exact et précis de la constitution française à cette époque. Elle pouvait continuer à évoluer pour se conformer à des mœurs nouvelles, à des besoins nouveaux. La Révolution est venue, et ce critique éclairé l'attribue, non aux vices propres du régime, mais *à la corruption de l'esprit public par les écrivains tels que Montesquieu et Rousseau, qui érigèrent des chimères à l'état d'axiomes politiques, et aussi à l'action des sociétés secrètes.*

Étudier le rôle des États généraux à travers les trois siècles de leur histoire, leur attitude vis-à-vis du pouvoir royal est encore une question de fait.

Laissez-moi revenir sur les deux points où je vous ai fourni mes textes : les États généraux variaient, eux aussi, d'action et de compétence, tout comme le pouvoir royal.

Quelle fut leur action en 1468, en 1506 ? D'après le témoignage d'écrivains consciencieux : dans le premier cas, Louis XI y eut recours pour masquer sa politique personnelle ; dans le second cas, Louis XII s'en servit pour briser un traité qu'il regrettait et qu'il n'avait peut-être conclu qu'avec l'intention de se dérober. En effet, sans tenir compte des dessous de l'affaire, la marche suivie est celle-ci : on fait remarquer au Roi les désavantages du traité, il cherche le moyen d'y remédier, et s'arrête à la convocation des Etats ; ceux-ci font leurs remontrances, le Roi déclare les tenir pour agréables, et répond qu'il va en délibérer en son conseil, puis le chancelier fait connaître la décision du Roi qui accorde aux États leur demande. C'est donc encore ici l'autorité souveraine du Roi qui décide en dernier ressort, à supposer que le mouvement initial ne soit pas venu de lui.

Il faut toujours qu'il y ait une autorité qui juge sans appel. Il suffit d'ouvrir les yeux pour constater cette vérité : elle s'applique et dans le rôle élémentaire de l'expert, choisi librement par des parties pour terminer un différend, et dans le rôle des pouvoirs les plus élevés. C'est la nature même de la fonction d'un pouvoir qui trace la limite de l'autorité qu'il doit exercer. Notre monarchie *absolue* rencontrait ses limites dans *les libertés de la nation.*

Quelles seront les formes générales du pouvoir royal et ses limites ? L'Enquête sur la Monarchie les a établies clairement. L'action personnelle du souverain, du chef national, trouvera toujours matière à s'exercer pour le plus grand bien du pays, comme l'a démontré M. Buffet. Les limites de cette action seront déterminées par l'ensemble des circonstances, des nécessités, des événements, auxquels elle devra pourvoir.

Notre pays, s'il sort de la crise où il se débat, aura besoin de larges libertés administratives et d'un pouvoir fort aux mains d'un nouvel Henri IV. Il est peut-être plus urgent de songer à restaurer l'utile et le nécessaire, — plénitude du pouvoir royal, — que de spéculer sur ses justes limites. Même et surtout à la veille de la Restauration effective, il faudra s'en remettre complètement à l'instinct héréditaire, à la volonté, à la providence royales du Prétendant. Ce sera bien le cas de reconnaître et de servir, en un sujet où elle est *absolument* compétente, son autorité *absolue*.

L'expérience de l'Assemblée Nationale devrait d'ailleurs nous rendre sages. N'y a-t-on pas vu les *représentants autorisés* du pays, discuter l'autorité royale et nous donner... la République ?

A cette lumineuse synthèse des faits, je crois utile de joindre dans l'ordre des opinions les suivantes. L'une est celle d'un contradicteur de l'*Action Française*, l'autre, d'un homme mieux qualifié que personne pour faire entendre ici la leçon des faits, c'est un roi de France, Louis XV lui même.

OPINION DE NOTRE CONTRADICTEUR

En 1789 nous avions comme cour suprême les États Généraux. Si Louis XVI en avait défendu énergiquement les prérogatives, comme c'était son devoir, comme l'y obligeait son serment prêté le jour de son sacre, s'il n'avait pas permis qu'on en violât les principes et les formes, LA NATION EUT ÉTÉ SAUVÉE.

OPINION DE LOUIS XV

C'était, dit Mme Campan dans ses Mémoires, à l'époque où les remontrances du parlement et le refus d'enregistrer les impôts donnaient de l'inquiétude sur la situation des finances. On en causait un soir au coucher de Louis XV : « Vous verrez, Sire, dit un homme de la cour très approché du roi par sa charge, que tout ceci amènera la nécessité d'assembler les Etats Généraux ». Le roi, sortant à l'instant même du calme habituel de son caractère, et saisissant le courtisan par le bras, lui dit avec vivacité : « Ne répétez jamais ces paroles ; je ne suis pas sanguinaire ; mais si j'avais un frère et qu'il fût capable d'ouvrir un tel avis, je le sacrifierais dans les vingt-quatre heures à LA DURÉE DE LA MONARCHIE ET A LA TRANQUILLITÉ DU ROYAUME. »

DISCOURS

PRONONCÉ A LA COMMÉMORATION DU 75e ANNIVERSAIRE DE LA NAISSANCE DE FUSTEL DE COULANGES, LE 18 MARS 1905.

Mesdames, Messieurs,

Le grand et admirable esprit dont le soin de faire l'éloge me revient en partie ce soir, se définit fort exactement un esprit de grand historien.

Rien n'est plus familier de nos jours que ce mot, rien ne frappe plus souvent nos oreilles ; il n'est rien dont chacun croie connaître si bien l'espèce et la propre vertu. Louer Fustel d'avoir écrit l'histoire parfaitement, n'est-ce pas lui faire part d'un mérite commun à plusieurs de ce temps-ci ? La véracité, l'exactitude, l'impartialité, l'esprit critique, la science, n'est-ce pas le bien de toute l'époque ? Fustel critique sévère, Fustel savant profond, Fustel impartial, Fustel exact et véridique, est-il autre chose qu'un ornement d'un temps généralement épris de vérité, à qui la perfection en ce genre est devenue chose coutumière ?

Hélas ! Mesdames et Messieurs, il y a critique et critique, rigueur et rigueur, science et science. Celle de Fustel n'était pas celle qu'on vit la plus répandue de son vivant. On ne saurait dire qu'elle triomphe aujourd'hui. Non pas qu'assez de savants contemporains, soit de leur propre initiative, soit avertis, soutenus par son exemple, ne suivent heureusement son chemin ; non qu'il n'y ait du bon chez quelques-uns de ceux mêmes qui s'en écartent davantage : au total, on ne peut dire que la science, telle qu'elle prétend aujourd'hui s'imposer, la science dont plusieurs hommes en place prônent les méthodes et dictent les résultats, soit la science de Fustel ni rien qui lui ressemble.

Mon dessein, notre dessein commun ne tient rien ici de la polémique. La mention de cette contradiction n'est pas pour annoncer le combat, mais pour marquer une fois pour toutes la portée de mon commentaire. La pensée de Fustel fut trop indépendante, et, à ne considérer que les contemporains, trop originale et trop nouvelle pour qu'on puisse, sans la trahir, adoucir le contraste qu'elle fait avec les autres. Ce contraste lui donne toute son ampleur. Ce contraste lui vaudra toute son influence, lorsque les jeunes générations, mieux instruites, auront achevé de tourner les yeux vers elle, et fait enfin de Fustel ce qu'il mérite d'être, le maître de la pensée contemporaine française.

Le premier trait et le plus général qui distingue Fustel de Coulanges des autres historiens de son temps, c'est sa complète liberté d'esprit à l'égard d'un préjugé double, qu'on peut dire presque universel.

Je dis préjugé double : dont la première partie est que la société française telle que nous la voyons maintenant est la meilleure des sociétés, et, tout calcul fait, représente le plus haut degré de perfection politique et social qu'on ait vu. La seconde est que l'état des modernes sauvages, tel qu'on le trouve dans les montagnes Rocheuses, en Afrique et dans les îles du Pacifique, représente un état primitif des hommes et le tableau des plus anciennes sociétés. Ces deux idées ont leur origine dans la philosophie du dix-huitième siècle. Le commun des historiens modernes songe à peine à les examiner. Sans l'avouer toujours et s'en apercevoir, tout ce qu'ils disent suppose ces deux propositions. Ce qu'ils louent dans le passé est ce qui nous ressemble ; ce qu'ils blâment, ce qui diffère de nous. S'abstiennent-ils de louer et de blâmer ? Les termes de progrès ou de recul, employés chez eux sans y penser, se voient distribuer selon ce principe. Ce qu'il y a au monde de plus laid, de plus pauvre, de plus malsain, de plus dégradé, de plus nu, demeure d'instinct présent à leur pensée comme l'exemple conservé de ce qu'il y a de plus ancien.

Et l'on y est tellement accoutumé, la croyance publique elle-même s'est si bien façonnée là-dessus, que plusieurs seraient surpris qu'on appelle préjugé ce qui leur semble une évidence. Croire cela, aux yeux d'un grand nombre, c'est n'avoir pas de préjugés, c'est appliquer à la science historique une intelligence affranchie.

C'est que (pour commencer par là) on ne s'entend point avec Fustel sur le préjugé historique. Chacun convient qu'il faut s'en dégager. Mais combien de préjugés qui s'ignorent eux-mêmes ! La pente de nos jours est à ne donner ce nom qu'aux opinions issues de croyances religieuses. Ce qu'on veut bien appeler superstition est regardé presque comme le seul endroit dont la critique doive surveiller les approches. Je vois des gens si fort prévenus de cette idée, que plus un préjugé capable de les éloigner des religions établies a chez eux de force et de ténacité, plus ils se croient sincèrement affranchis et maîtres de leur raison. A proportion qu'ils s'y enfoncent, à proportion ils pensent se dégager.

Je ne sais si le préjugé dont je parle doit à cette raison de prévaloir. Je sais au moins que le nom de préjugé lui convient.

Car, d'où vient qu'ayant à distribuer ces quatre noms de bon et de mauvais, d'antique et de moderne, nous osons décider que le moderne est le bon et que le mauvais est l'ancien? Des sociétés modernes il n'est prouvé qu'une chose, c'est qu'elles sont modernes ; des sauvages, une chose, c'est qu'elles sont sauvages. L'excellence qu'on accorde aux unes, l'ancienneté qu'on imagine des autres, sont entièrement dénuées de preuves. Les livres de Fustel sont pleins de ce double doute. Partout il se garde de mesurer le passé à l'aune des idées modernes. Cette habitude des historiens le fâche. On le voit en concevoir une vraie irritation. Pas davantage, il ne concède que les états de sociétés « rétrogrades » soient nécessairement primitifs. Ce mot de rétrograde montre assez qu'il ne renonce point à juger, à connaître un mieux et un pire, un avancement et un recul. Nulle part il n'a donné non plus l'idée qu'il crût à ce qu'on veut bien appeler des « vérités successives », comme si le vrai changeait avec le temps. Mais il ne jugeait pas des causes sans considérer les effets. L'épreuve des institutions, c'était, selon lui, de réussir.

Ainsi rien ne l'empêchait d'aimer les réussites relatives dont l'histoire nous offre la suite. Et rien dans cette suite ne l'engageait à croire que le dernier venu fût le meilleur, et que le pire fût le plus ancien. Par là le joug qu'impose aux esprits de ce temps la notion d'un avancement fatal et constant, dogme aveugle et absurde que l'on prétend conforme avec l'enseignement de la raison, est ruiné. Fustel n'a connu aucun des esclavages de la religion gratuite et ignominieuse du dieu Progrès.

De là lui vient ce respect du passé qui fait dès à

présent le trait le plus populaire de la doctrine de Fustel de Coulanges, et dont je voudrais maintenant parler.

Mais avant d'en marquer le principal, je voudrais en expliquer le plus fin. Cette matière est spéciale, un peu professionnelle ; mais elle a de grandes beautés, et pour la faire entendre, je vous demande, Mesdames et Messieurs, quelques moments de scrupuleuse attention.

Il s'agit de la méthode même de découvrir le vrai de l'histoire.

Une certaine école moderne prétend ne mettre rien entre notre critique et les monuments les plus matériels du passé. Les anciens ouvrages de littérature, où le passé reçoit un commencement d'interprétation, lui sont la source la plus suspecte du monde. Il est convenu chez elle que les hommes de ces temps-là ne savaient ni voir ni comprendre, et qu'il importe de refaire sur nouveaux frais l'histoire des choses qu'ils ont touchées de plus près. On écarte ce qui n'est que des rapports écrits, pour recourir aux monuments. Les monuments ne sont point suspects, parce que l'intelligence des anciens n'y a pas de part, et que, ne révélant autre chose qu'eux-mêmes, ils figurent à nos yeux le passé ressuscité. De là vient l'importance qu'a prise l'archéologie de nos jours. Chez quelques-uns, en plusieurs occasions, elle a envahi tout le champ de l'histoire. Pour ceux-là, le tableau de la vie du passé ne doit plus se composer que de ce qu'on tire de terre, de débris de cimetières par exemple, ou de petits pots étiquetés. C'est ce qu'on appelle étudier les mœurs.

S'il s'agit de choses moins matérielles, seuls des actes de l'état civil, des contrats de vente, des formules juridiques, ont le privilège d'être considérés. Mais qu'un vieux chroniqueur ne prenne point la parole, qu'Hérodote et Tite-Live se taisent. Conteurs de fables, incapables en leur temps de discerner le vrai du faux, fauteurs d'une tradition lettrée, non moins indigne de créance que l'orale ; la tâche de l'historien moderne est de démentir tous ces gens-là, de les convaincre de faux ou de les prendre en pitié : leur génie, non pas, ô grands dieux ! (car tout ce qui est individuel est sacré à cette philosophie), mais ce qu'on appelle d'un grand mot, leur méthode.

Les anciens n'avaient pas de méthode. L'eût-on cru ? Aussi n'ont-ils fait que des sots, quoiqu'ils aient eu bien du génie. A nous la méthode appartient, et non pas depuis quelques siècles, non pas depuis cent ans, mais depuis trente ans au plus, depuis moins encore : depuis, dit celui-ci, que la revue que je dirige est fondée ; depuis, dit l'autre, que j'ai passé une thèse qui montre clair comme le jour qu'avant moi les hommes, doués de bons cerveaux, ne savaient pas penser.

Mesdames, Messieurs, tous tant que nous sommes,

on nous a fait croire plus ou moins cela. On nous a dit que l'histoire était née dans notre siècle : c'est là un lieu commun des classes de rhétorique. De mon temps on enseignait encore que les voies modernes de cette science n'ont été annoncées que vers 1750, et réalisées que trois quarts de siècle après. Fustel écrit au contraire que, depuis ce temps-là précisément, ce qu'on nomme esprit critique n'est qu'une illusion. Auparavant sont les prédécesseurs que le maître reconnaît et qu'il vante.

Rien n'est si important pour la conduite des esprits que cette affirmation venant d'un pareil maître. Elle aide à détruire cette moderne et pernicieuse illusion d'une humanité coupée en deux par la découverte imprévue de la raison. Quelques-uns font remonter à Descartes l'invention de cette faculté précieuse. D'autres en placent la révélation quasi religieuse dans quelqu'une des séances de la Révolution. On dit : auparavant régnait sur les esprits le principe d'autorité, maintenant c'est le libre examen. Les hommes n'examinaient point : il a fallu leur apprendre cela. Mesdames, Messieurs, que des principes si manifestement absurdes ne fassent plus la loi à nos esprits.

L'art de départager les témoignages humains, ce que nous appelons la critique, est aussi ancien que la culture. Dans tous les temps, de bons esprits en ont su tirer les effets. Ils ont manqué parfois d'un outillage, et longtemps le petit nombre des chercheurs a diminué la portée des recherches. Parfois des préjugés, quelques superstitions de nature parfaitement définie, ont sur des points précis altéré leur jugement. Quant à discerner le vrai du faux, quand ils en tenaient les éléments, non, ces anciens n'en étaient point incapables.

Ce respect de Fustel pour les textes, dont tant de gens parlent sans en savoir le sens, voilà son fondement remarquable. Le respect du passé, des témoignages passés, est à la base de sa méthode. Ce que nous vantons dans ses conclusions est au fond de ses recherches déjà. Et cet éloge, que tout homme raisonnable lui donne, la science historique ne le lui doit pas moins.

De là cette critique, qui chez lui dépasse de si loin celle des simples monuments, ce maniement de la matière pensée de l'histoire, ce commerce avec l'esprit même du passé. Se faire des événements l'idée que les contemporains s'en firent, voilà l'objet premier de ses efforts. Je ne dis pas le terme. Il va plus loin. Il s'élève plus haut. Il croit que la connaissance des effets qui suivirent, achève la notion des événements, dont les contemporains n'ont vu que le train de tous les jours. Mais le premier degré de cette connaissance prend pied dans l'histoire faite par eux. Il faut d'abord la concevoir comme eux. Une tradition, tradition rectifiée, on pourrait dire que c'est là, pour Fustel, le corps solide et souverain de l'histoire.

Demeurons un moment encore dans l'éloge de Fustel historien. Remarquons, pour la consolation des hommes sensés de ce temps-ci, que cet homme d'un si haut exemple n'a pas redouté, après d'exactes analyses, de passer aux affirmations de la synthèse.

Quelques-uns ont tellement pris position là-dessus, on a si bien fait peur aux gens de précipitation inconsidérée, d'affirmation gratuite, de conclusions téméraires, que l'opinion prévaut maintenant qu'il faut se garder absolument de toute espèce de conclusion. La méthode, ose-t-on dire, seule est bonne ou mauvaise, seule est du ressort de l'historien ; les conclusions sont libres et regardent le philosophe. Remarquons, Mesdames et Messieurs, ce mépris de la philosophie, qui n'est, à ce compte, que l'art de débiter des propositions que chacun a loisir de trouver vraies ou fausses : la preuve n'est pas de son ressort. Les philosophes n'accorderont jamais cela. Mais, quant aux historiens, qu'ils ne se laissent pas dire, de grâce, que leur science ne tire pas de conclusion.

On dit : si, dans le domaine des faits. C'est ne rien dire. Qu'est-ce que le domaine des faits ? Il n'y a pas de vérité qui ne soit pas d'usage. Cela est vrai des vérités de fait comme des autres. Une vérité de fait, autant que n'importe laquelle, emporte l'enseignement de quelque ligne de conduite, le désaveu de quelque préjugé, la solution de quelque obstacle.

Comment cela ? C'est que les faits ne sont jamais tous seuls. Il y a la liaison qu'on y remarque. — Non : point de liaison, disent nos gens. — Disons donc l'ordre dans lequel on les expose. Mais, de cela même, on ne veut point. « Aux ouvrages que j'ai publiés, dit Fustel, deux ou trois critiques ont reproché que les chapitres se suivaient, et que les diverses vérités que j'avais mises en lumière avaient quelque lien entre elle. C'est ce qu'on appelle être systématique (1). »

Écho des polémiques auxquelles il fut mêlé, qui consumèrent une partie de ses forces, qui l'épuisaient de temps et de patience. Au nom de cette pédanterie honteuse, on condamnait cette grande intelligence, cet effort partout heureux d'une synthèse superbe. Des niais infatués allaient répétant : poésie ! Fustel faisait de la poésie. Quelques-uns osent le dire encore.

Il paraît que les poètes seuls affirment. Les historiens, que font-ils ? Ils regardent. Le plus bel usage que l'homme puisse faire de son cerveau, c'est, paraît-il, de ne pas s'en servir. L'un d'eux, un jour, m'a dit, parlant à moi : Mon esthétique est tout historique. Ce qui signifie, en bon français : Mon discernement des choses d'art, mon jugement du vrai et du faux,

(1) *Nouvelles Recherches sur quelques Problèmes d'Histoire*, p. 277.

c'est... (écoutez ceci, je vous prie) mon discernement, mon jugement, c'est de raconter les tableaux qu'on a peints et les statues qu'on a sculptées.

Est-il rien de plus fou ? Cela règne, cela passe pour sagesse, pour lumière de l'esprit. Ceux qui prétendent sortir de cette abstention, de ce scepticisme ignominieux, et qui, soucieux de juger sur pièces, ne laissent pourtant pas de juger, sont des échauffés, des rêveurs, des mystiques. Je sais un homme à qui, pour avoir dit qu'il y avait un beau et un laid dans les arts, on a reproché d'avoir été élevé par les Jésuites.

Puis il y a l'impartialité. Si vous concluez à quelque chose, historien, vous n'êtes plus impartial. En effet, vous prenez parti. Mais quoi, n'y a-t-il pas une grande différence entre prendre parti d'abord ou ensuite, à croire sans preuve ou à croire sur preuve, à soutenir une opinion appuyée de l'examen des faits, ou à ne suivre que des fantaisies ? Chansons, on ne vous écoute pas. On vous dit que Bossuet n'est pas un historien parce que l'*Histoire des Variations des Églises Réformées* conclut et marque une liaison dans les faits. Mais cette liaison n'est-elle pas dans les choses ?

« Le système, dit Fustel, est dans la réalité. Pourquoi ne serait-il pas dans l'histoire (1) ? » Grandes et

(1) *Questions historiques*, p. 441.

fortes paroles que nous n'oublierons pas, qui fructifieront dans les jeunes esprits, les rassurant contre la morgue hautaine des douteurs par système et des ignorants par vanité.

Fustel a dit de l'histoire qu'elle est « une science pure ». C'est que l'imagination du poète n'a rien à ajouter à la matière qu'elle fournit. L'imagination de l'historien est proprement aux ordres des textes. Elle ne se met en mouvement que sur leur injonction. C'est elle qui réveille les documents de l'histoire et les fait vivre sous nos yeux, mais elle ne doit faire vivre que ce qu'ils contiennent, elle leur est asservie, elle ne se distingue point de la propre intelligence des textes. C'est parce qu'elle les *voit* qu'elle n'erre point sur leur sens.

De là jaillit ce style limpide, simple et sévère, modèle des historiens à naître, récent enseignement des jeunes écrivains. Mesdames, Messieurs, la chose est à peine croyable. On a reproché à Fustel de bien écrire. Cela est une táre aux yeux de certaines gens.

Ce qu'il répondit achèvera son portrait. Comme la synthèse dont je parlais, le style fait partie, selon lui, de la méthode historique elle-même. « Par quel motif, dit Fustel, monsieur... ne me pardonne-t-il pas d'écrire en un français simple et clair ? Il ne songe pas que la clarté du style ne jaillit (écoutez cela) que de la masse énorme des observations. » Et ceci, qui, pour être ironique, n'en est pas moins fortement pensé : « Monsieur... ne songe pas qu'il peut arriver à lui-même, si un jour il saisit une vérité et qu'il la possède pleinement dans toutes ses parties, d'avoir, sans le vouloir, une forme littéraire (1). » Parole profonde sur l'art d'écrire. Enseignement rare et inestimable.

Je reviens, Mesdames et Messieurs, à ce respect du passé, à cette sympathie admirable pour les générations éteintes, qui domine tout l'œuvre de Fustel, qui en fait le touchant attrait, dont les applications diverses m'ont conduit jusqu'à ce point-ci.

Comme il était exempt des principes inflexibles que dicte l'admiration béate d'un certain état de société, on ne trouve nulle part chez lui l'aigreur, la suspicion, la morgue redressante que tous nos gens exempts de préjugés, tous nos adorateurs exclusifs du fait, mêlent incessamment à l'histoire du passé.

Il y a plaisir à le suivre dans ces lointains voyages, à se livrer sans préoccupation au spectacle qu'il offre de mœurs si différentes des nôtres, à constater que cette diversité, qui nous amuse et nous instruit, ne nous oblige point à rougir. Rougir du passé, voilà le point. Voilà ce que les préjugés dont j'ai parlé d'abord, nous enseignent avant toutes choses. Et comme la

(1) Guiraud, *Fustel de Coulanges*, p. 241.

honte que nous donnent, à nous hommes, les vieilles institutions humaines, invariablement représentées comme barbares, se tourne aisément en reproche et en haine ! Cela est inévitable, surtout quand il est question de gens qui nous concernent de plus près, comme ceux dont nous sommes issus et dont l'existence compose l'ancienne histoire de notre pays.

Ceux-là, vous le savez, Mesdames et Messieurs, les Français d'à présent sont soigneusement dressés à les haïr. Cette haine prend sa source dans l'habitude générale de mépriser le passé.

On a nommé d'un nom barbare cette ancienne croyance des hommes, que la terre était le centre du monde. Cela s'appelle *géocentrie*. Une illusion comparable à celle-là, non au sujet de l'espace, mais au sujet du temps, règne chez nos contemporains. Les anciens avaient cru que le lieu qu'ils occupaient était exceptionnel dans le monde, qu'il était, d'une certaine manière, le premier. On s'imagine maintenant que notre époque tient cette place, qu'elle est l'aboutissement des temps, que ce qu'elle contient est la mesure de l'histoire. Si j'osais faire un néologisme, me souvenant que πάρον veut dire présent, j'appellerais cette superstition le préjugé du présent, la *parontocentrie*. Ne serait-ce pas une belle réponse à la *néophobie* de Lombroso ? Faut-il haïr ce qui est moderne, ou au contraire n'aimer que cela ? La question me semble mal posée. Les initiatives de l'homme sont sans doute un précieux élément de perfection. Cela ne fait pas que toute nouveauté soit bonne. Le passé nous quitte à mesure que le temps s'écoule; mais nous sortons façonnés de ses mains. Ce que nous aimons en nous-même est dans son fond aussi ancien que le monde. Il n'y a pas d'humanité nouvelle La persuasion de cette vérité nous rejoint aux hommes d'autrefois.

C'est dans cette persuasion, qu'alimente l'histoire, que le patriotisme de Fustel s'enracine. Récemment, à propos de lui, on a voulu remarquer que l'histoire n'enseigne pas le patriotisme. Autant remarquer que de connaître nos parents ne nous apprend pas à les aimer. « Le patriotisme, dit Fustel, est une vertu, et l'histoire est une science (1). » Mais pourquoi cette vertu ne s'alimenterait-elle pas de cette science ? Cela est certain chez Fustel, où cette science commence et finit, comme j'ai fait voir, par le respect du passé. On ne peut aimer nos ancêtres, la vieille France dont nous sortons, si l'on n'a pas d'abord ce respect.

Ces dispositions préalables importent au choix de nos affections. Il est certain que l'internationalisme se nourrit d'un préjugé contraire, je dis de la haine et du mépris déversés sur les anciens temps, où notre affection ne trouve plus que prendre. Il lui faut cependant un objet. L'homme tend à sortir de lui-même, à s'étendre hors du lieu qu'il occupe, hors de

(1) *La Monarchie Franque*, p. 31.

la minute présente, soit dans le temps, soit dans l'espace. L'histoire qu'on nous enseigne nous ferme le temps : il ne reste plus à notre amour des hommes qu'à se déverser sur les autres nations.

Seulement, remarquez cette conséquence. Pour aimer nos ancêtres, il suffit de réfléchir à ce que nous tenons d'eux, de quoi l'histoire fournit le détail. On ne peut aimer d'autres hommes sans la perception de quelques rapports pressants. Pour étendre son affection dans l'espace, il faut imaginer avec les autres hommes des ressemblances étroites et particulières. Un internationaliste voit le triomphe de « la justice », c'est-à-dire de certaines idées localisées dans un parti restreint sur un petit point du globe, partout imminent. Or les liens du premier genre sont vrais ; les ressemblances du second genre sont imaginaires. De sorte que si, pour être patriote, il est besoin de savoir l'histoire, un point me paraît non moins certain : c'est que pour être internationaliste il faut ignorer la géographie.

Ainsi cette sympathie pour le passé, issue de l'esprit scientifique, et qui ne demande qu'à se rendre concrète dans l'amour du passé de la France, est le propre terrain d'où s'élance la fleur de notre patriotisme, l'amour d'un passé particulier auquel des liens particuliers nous lient.

L'internationalisme en France se nourrit de la

haine du passé enseignée par nos historiens et passée dans les masses. Le débordement de cette doctrine n'a eu tant de vitesse et d'impétuosité que pour avoir été préparé de longue main grâce à la cause que je viens de dire. Elle n'a cette force que parce qu'elle est issue de la passion la plus brutale et la plus aveugle qui soit : c'est la haine.

Le fait est que cette haine a façonné depuis cent cinquante ans presque les générations. Ce n'est pas un paradoxe de dire qu'aux yeux d'un bourgeois de France l'histoire de France n'évoque en général que des figures haïes ou haïssables. Le mot de cette tournure d'esprit, c'est celui que Cham le caricaturiste met dans la bouche d'un de ses personnages Je dédie ce mot à Forain. Un petit garçon revient de la distribution des prix, chargé de livres et de couronnes. Le père l'accueille : « Tu as le prix d'histoire. Tu sais donc le nom de toutes ces canailles de rois ! »

Il y a peu d'années, étant de séjour à Londres, je rencontrai à la porte du musée de Saint-Martin's un commensal de ma pension. Le musée est celui des portraits authentiques et anciens des hommes célèbres de l'Angleterre. J'entrais. J'offris à cet Anglais de faire cette visite ensemble. C'était un monsieur d'âge, de caractère enjoué, de médiocre culture et de manières parfaites. J'eus le spectacle de ses réflexions devant plusieurs siècles d'histoire d'Angleterre. Il la jugeait familièrement. Il appelait le fameux Nassau, qui supplanta les Stuarts, un fameux malin : *a clever chap*. Ce que je remarquai fut l'indulgence dont il enveloppait tous ces morts. Les derniers Stuarts eux-mêmes, que l'Angleterre déteste, n'encouraient que des reproches discrets. Je songeais à ce qu'eût été une pareille visite faite avec le premier venu dans notre musée historique de Versailles, au torrent d'injures qu'eussent soulevé certains noms, aux saletés graveleuses qu'on eût bavées sur d'autres, aux plaisanteries ineptes sur le profit d'être roi, sur l'oppression des peuples, les erreurs de la guerre, à toute cette infamie venimeuse ou stupide dont le drame romantique, après les historiens de doctrine, a rempli nos imaginations. Au contraire, cet Anglais aimait et respectait tous ces gens-là. Il leur savait bon gré d'être Anglais, d'avoir illustré son pays, de l'avoir fait lui-même. Et ce spectacle commun n'était pas sans grandeur, ni sans tristesse aussi par la comparaison.

Mesdames, Messieurs, écoutez Fustel. L'amour du sol, tout court, n'est pas le patriotisme. Il y faut joindre l'amour de notre histoire. La France géographique est peu de chose, si l'on ne relève l'affection qu'on lui porte du respect de son histoire. Cette histoire est nôtre bien autant que le sol. Nous n'avons pas le droit de la négliger.

« Que n'a-t-on pas dit sur la race germanique ? Partout nos yeux prévenus ne savaient la voir que sous les plus belles couleurs. Nous reprochions presque à Charlemagne d'avoir vigoureusement combattu la barbarie saxonne et la religion sauvage d'Odin. Dans la longue lutte entre le Sacerdoce et l'Empire, nous étions pour ceux qui pillaient l'Italie et exploitaient l'Église. Nous maudissions les guerres que Charles VIII et François Ier firent au delà des Alpes; mais nous étions indulgents pour celles que tous les empereurs allemands y portèrent durant cinq siècles.

« Plus tard, quand la France et l'Italie, après le long et fécond travail du Moyen-Age, produisaient ce fruit incomparable qu'on appelle la Renaissance, d'où devait sortir la liberté de la conscience avec l'essor de la science et de l'art, nous réservions la meilleure part de nos éloges pour la Réforme allemande, qui n'était pourtant qu'une réaction contre cette Renaissance, qui n'était qu'une lutte brutale contre cet essor de la liberté, qui arrêta et ralentit cet essor dans l'Europe entière, et qui trop souvent n'engendra que l'intolérance et la haine. Les événements de l'histoire se déroulaient, et nous trouvions toujours moyen de donner raison à l'Allemagne contre nous. Sur la foi des médisances et des ignorances de Saint-Simon, nous accusions Louis XIV d'avoir fait la guerre à l'Allemagne pour les motifs les plus frivoles, et nous négligions de voir dans les documents authenthiques que c'était lui au contraire qui avait été attaqué trois fois par elle. Nous n'osions pas reprocher à Guillaume III d'avoir détruit la république en Hollande et d'avoir usurpé un royaume, nous pardonnions à l'électeur de Brandebourg d'avoir attisé la guerre en Europe pendant quarante ans pour s'arrondir aux dépens de tous ses voisins; mais nous étions sans pitié pour l'ambition de Louis XIV, qui avait enlevé Lille aux Espagnols, et accepté Strasbourg qui se donnait à lui. Au siècle suivant, nos historiens sont tous pour Frédéric II contre Louis XV. Le tableau qu'ils font du dix-huitième siècle est un perpétuel éloge de la Prusse et de l'Angleterre, une longue malédiction contre la France. Sont venus ensuite les historiens de l'Empire; voyez avec quelle complaisance ils signalent les fautes et les entraînements du gouvernement français, et comme ils oublient de nous montrer les ambitions, les convoitises, les mensonges des gouvernements européens. A les en croire, c'est toujours la France qui est l'agresseur, elle a tous les torts; si l'Europe a été ravagée, si la race humaine a été décimée, c'est uniquement par notre faute.

« Ce travers de nos historiens est la suite de nos discordes intestines. Vous voyez qu'à la guerre, surtout quand la fortune est contre nous, nous tirons volontiers les uns sur les autres; nous compliquons la guerre étrangère de la guerre civile, et il en est parmi nous qui préfèrent la victoire de leur parti à la victoire de la patrie. Nous faisons de même en histoire. Nos historiens, depuis cinquante ans, ont été des hommes de parti. Si sincères qu'ils fussent, si impartiaux qu'ils crussent être, ils obéissaient à l'une ou à l'autre des opinions politiques qui nous divisent. Ardents chercheurs, penseurs puissants, écrivains habiles, ils mettaient leur ardeur et leur talent au service d'une cause. Notre histoire ressemblait à nos assemblées législatives : on y distinguait une droite, une gauche, des centres. C'était un champ clos où les opinions luttaient. Écrire l'histoire de France était une façon de travailler pour un parti et de combattre un adversaire. L'histoire est ainsi devenue chez nous une sorte de guerre civile en permanence. Ce qu'elle nous a appris, c'est surtout à nous haïr les uns les autres. Quoi qu'elle fît, elle attaquait toujours la France par quelque côté. L'un était républicain et se croyait tenu à calomnier l'ancienne monarchie ; l'autre était royaliste et calomniait le régime nouveau. Aucun des deux ne s'apercevait qu'il ne réussissait qu'à frapper sur la France. L'histoire ainsi pratiquée n'enseignait aux Français que l'indifférence, aux étrangers que le mépris.

« De là nous est venu un patriotisme d'un caractère particulier et étrange. Être patriote, pour beaucoup d'entre nous, c'est être ennemi de l'ancienne France. Notre patriotisme ne consiste le plus souvent qu'à honnir nos rois, à détester notre aristocratie, à médire de toutes nos institutions. Cette sorte de patriotisme n'est au fond que la haine de tout ce qui est français.

Il ne nous inspire que méfiance et indiscipline ; au lieu de nous unir contre l'étranger, il nous pousse tout droit à la guerre civile.

« Le véritable patriotisme n'est pas l'amour du sol, c'est l'amour du passé, c'est le respect pour les générations qui nous ont précédés. Nos historiens ne nous apprennent qu'à les maudire, et ne nous recommandent que de ne pas leur ressembler. Ils brisent la tradition française, et ils s'imaginent qu'il restera un patriotisme français. Ils vont répétant que l'étranger vaut mieux que la France, et ils se figurent qu'on aimera la France. Depuis cinquante ans, c'est l'Angleterre que nous aimons, c'est l'Allemagne que nous louons, c'est l'Amérique que nous admirons. Chacun se fait son idéal hors de la France. Nous nous croyons libéraux et patriotes quand nous avons médit de la patrie. Involontairement et sans nous en apercevoir, nous nous accoutumons à rougir d'elle et à la renier. Nous nourrissons au fond de notre âme une sorte de haine inconsciente à l'égard de nous-mêmes. C'est l'opposé de cet amour de soi qu'on dit être naturel à l'homme ; c'est le renoncement à nous-mêmes (1). » (*Applaudissements.*)

Ces applaudissements, Mesdames et Messieurs, donnés à une telle page, nous relèvent et nous rassurent. Ce n'est pas là de la déclamation. Qu'on ose faire à

(1) *Questions historiques*, p. 4.

cette fermeté de vue, à cette précision d'attaque, les fades reproches, les railleries dont je vois qu'on accueille les esprits généreux qui portent tous les jours dans la presse la monnaie de ces nobles propos !

D'autres ont appelé ceci l'amour de nos morts. Reconnaissez-les pareillement, nobles intelligences, qui jusque dans le patriotisme local ont su reconnaître, faire comprendre et associer le patriotisme historique.

Et maintenant qui défait ce patriotisme-là, soutien et source toujours ouverte de l'unité morale d'une nation ? Fustel répond : la politique. C'est le second texte que j'aurai l'honneur de vous communiquer du maître. Je souhaite qu'il demeure dans vos mémoires, fort comme il est de l'autorité d'un homme de science que personne n'égala dans ses rapprochements :

« Si l'on se représente tout un peuple s'occupant de politique, et depuis le premier jusqu'au dernier, depuis le plus éclairé jusqu'au plus ignorant, depuis le plus intéressé au maintien de l'état de choses actuel jusqu'au plus intéressé à son renversement, possédé de la manie de discuter les affaires publiques et de mettre la main au gouvernement ; si l'on observe les effets que cette maladie produit dans l'existence de milliers d'êtres humains ; si l'on calcule le trouble qu'elle apporte dans chaque vie, les idées fausses qu'elle met dans une foule d'esprits, les sentiments pervers et les passions haineuses qu'elle met dans une foule d'âmes ; si l'on compte le temps enlevé au travail, les discussions, les pertes de force, la ruine des amitiés ou la création d'amitiés factices et d'affections qui ne sont que haineuses, les délations, la destruction de la loyauté, de la sécurité, de la politesse même, l'introduction du mauvais goût dans le langage, dans le style, dans l'art, la division irrémédiable de la société, la défiance, l'indiscipline, l'énervement et la faiblesse d'un peuple, les défaites qui en sont l'inévitable conséquence, la disparition du vrai patriotisme et même du vrai courage, les fautes qu'il faut que chaque parti commette tour à tour à mesure qu'il arrive au pouvoir dans des conditions toujours les mêmes, les désastres et le prix dont il faut les payer ; si l'on calcule tout cela, on ne peut manquer de dire que cette sorte de maladie est la plus funeste et la plus dangereuse épidémie qui puisse s'abattre sur un peuple, qu'il n'y en a pas qui porte de plus cruelles atteintes à la vie privée et à la vie publique, à l'existence matérielle et à l'existence morale, à la conscience et à l'intelligence, et qu'en un mot il n'y eut jamais de despotisme au monde qui pût faire autant de mal (1). »

Allons maintenant plus loin, Mesdames et Mes-

(1) Guiraud, *Fustel de Coulanges*, p. 244.

sieurs : cette matière est loin d'être épuisée. Elle est importante. Conduit par la pensée d'un tel homme, on la voit se renouveler sans fin.

Le patriotisme du passé, l'affection à la France historique, s'étend sur tous les temps de son histoire. Il met un lien du cœur entre des choses que le hasard des événements a quelquefois jetées, non sans disparate, aux origines des nations ; il adoucit l'antipathie des événements qui les traversent dans un âge avancé déjà. Pour les appeler d'un mot, les révolutions sont un obstacle à cet égal amour que je réclame. En certains temps la lutte des partis a déchiré le pays et rompu l'unité. Ces luttes antiques ont fini quelquefois par la victoire de l'un sur l'autre, et fait aux générations qui suivirent le triste legs d'un antagonisme entre des vainqueurs et des vaincus. Le temps, réparant ces blessures, n'en a pas anéanti l'histoire. La mention de ce passé troublé demeure, jusque dans le présent, l'ennemi de l'unité d'un peuple.

En présence de cette source possible de discorde, une sage politique s'efforce de reléguer ce passé dans l'ombre. Soigneuse du bon accord entre les citoyens, elle ne voit que danger à réveiller le souvenir, fût-ce du passé le plus lointain et le plus formellement effacé. Elle sait l'empire qu'exerce l'imagination, son adresse à créer des traditions fausses, à inventer de faux rapprochements. Secondée par tous les bons citoyens, elle ne se lasse pas de remettre dans le passé une unité factice s'il le faut, dont se rassure le souci du présent.

Ici nos intellectuels réclament. C'est prôner le mensonge historique. Je réponds : nullement, c'est prévenir par un change bienfaisant les maux que cause dans l'esprit public une politique de guerre engendrée des fantaisies de l'histoire. On ne défend pas aux historiens de savoir et de dire la vérité, on s'oppose à ce que les manuels pour le peuple s'emplissent de l'exaltation des révolutions du passé. On veille à ce que la connaissance en demeure abstraite dans les livres, à ce que l'imagination publique ne s'en repaisse pas. On tourne cette imagination du côté des légendes favorables. On laisse écrire à un Tennyson, dans les *Idylles du Roi*, l'histoire d'Arthur comme s'il était en ligne droite le premier roi de l'Angleterre, comme si le roi Edouard descendait de lui de mâle en mâle. Mesdames, Messieurs, voilà des traits de ce fort patriotisme, père de l'esprit public, que chacun reconnaît à nos voisins Anglais. Croit-on réellement chez eux qu'Arthur est le grand-père d'Édouard VII ? Certainement non ; on sait positivement le contraire. La raison sait parfaitement bien à quoi s'en tenir sur la légende ; mais l'imagination se repaît de cette légende. Cette fiction, absente de leur croyance, s'imprime dans leurs affections. Leur instinct national s'en affermit.

Ainsi sur toutes les parties de l'histoire, la même

prévoyance travaille, s'appliquant à renouer la tradition dans les endroits où elle est rompue. Hélas ! Messieurs, la tradition, comme toutes les bonnes choses de ce monde, n'est parfaite que dans nos désirs. Il faut que l'art humain s'y mette pour l'achever. Sainte besogne, effort salutaire pour projeter dans les origines imaginées et chéries d'un peuple l'unité dont il recueille les avantages dans le présent.

En France, nous avons d'autres règles. Il semble que quelques-uns ne rêvent que de découvrir des ruptures dans le passé, pour en tirer la guerre dans le présent. L'histoire de l'Angleterre est loin de pouvoir se comparer à la constante unité de la nôtre. Une rage de nous entre-détruire nous met cependant bien au-dessous d'elle à cet égard. Nous requérons la science de nous donner des motifs de guerre intestine. Elle n'a que trop répondu à cet appel. De quelle ardeur on la voit relever, exagérer, raconter, illustrer, de vers, de drame, de musique et de peinture, les petites et les grandes révolutions. On craint que le souvenir ne s'en perde. On en entretient le peuple avec persévérance. On refait un sort à celles qui tendent à s'effacer, on ressuscite les oubliées. Saint-Barthélemy, Dragonnades, Albigeois, quelle excitation, quel régal ! et par-dessus tout la grande, l'immortelle époque, où tant de têtes tombèrent, où tant de sang français coula par la volonté de Français, au nom de principes éternels qui rejoignent les hommes par delà des frontières. Lutte du paysan contre le noble, de la nation contre le roi, voilà le spectacle vrai ou faux qu'on se plaît à tirer de notre histoire.

Il alimente, soutient, réveille, passionne nos discordes présentes. Notre histoire, depuis cent cinquante ans, est une histoire de guerres civiles. Examinez le fond de nos querelles politiques, vous n'y trouverez rien tant que l'archéologie.

Quand les révolutions manquent aux besoins de la guerre, il est remarquable que nous en inventons.

J'ai quitté Fustel un moment, m'y revoici. La plus célèbre de ces opinions sur les révolutions du passé est celle qui fait sortir la France de la conquête germanique opérée sur la Gaule romaine.

On l'enseigne encore dans les classes. Si je vous demandais tout d'un coup, Mesdames, ce que c'est que l'*alleu*, pas une de celles qui répètent l'histoire avec leurs petites filles à la sortie des cours ne faillirait à me répondre que ce sont des terres partagées par les rois Francs à leurs soldats. Témoignage entre plusieurs d'une guerre sanglante, suivie d'une victoire cruelle, où se virent armées les unes contre les autres les races d'où notre nation est issue. On en allègue d'autres marques encore. On en multiplie les effets. Quelle occasion de s'entre-battre, quel point de départ superbe et comme fait à souhait pour une nation où l'on ne cesse de promener les torches de la guerre civile !

On n'eut garde de n'en pas profiter. Pour renouer le présent à ces propos de guerre, on inventa de reconnaître dans l'aristocratie française les descendants de la race victorieuse ; dans le vilain, celui de la nation vaincue. La lutte de ces deux fractions d'un même peuple, intéressées dans la même concorde, souffrant de leurs haines mutuelles également, fut représentée comme une suite légitime, inévitable, des combats d'autrefois. On méconnut l'action du temps, qui mêle et confond les races par l'empire des mêmes croyances, de la vie commune et des mêmes intérêts. Il fut entendu qu'après treize siècles la Révolution de quatre-ving-tneuf ne devait passer pour autre chose que pour la revanche de l'une sur l'autre.

Ici paraît Fustel de Coulanges.

Si vous songez aux luttes affreuses, aux exécutions sanguinaires, aux destructions irréparables, que cette fantaisie pédante a couvertes de sa considération, l'apparition de ce Français, de ce simple professeur, de ce remueur de textes attentif et modeste, parlant au nom de la science de ce ton tranquille et grave, fort de ses recherches et de sa lucidité, a quelque chose d'inexprimablement majestueux.

Que dit-il ? Que cette opinion sur nos origines est récente ; qu'elle ne remonte qu'au XVIIIe siècle ; qu'elle n'est dans le fond qu'une frénésie inspirée par la lutte des classes, un prétexte historique inventé par les Français pressés de se combattre. « C'est la haine qui l'a engendrée ; et elle perpétue la haine, » dit Fustel de Coulanges. Où cela ? Mais dans son livre de la *Conquête germanique*, tome IV des *Institutions de l'ancienne France* (1). — Quoi, de pareilles réflexions dans un livre de science ! — Elles y sont. En défaisant cette pernicieuse légende, Fustel savait qu'il travaillait contre les haines qui nous divisent. Le scandale de ce but politique ne faisait point trembler sa plume. Il le mêlait à sa critique et le notait avec satisfaction.

Fustel a donc démontré ceci. Il n'y a pas eu de conquête germanique, mais une occupation de la Gaule issue de convention avec l'Empire. Les Francs étaient une troupe peu nombreuse. Ils ont fondé le royaume, mais non point de servitude. Aucune noblesse qui fût pour les Germains, point de roture réservée aux Gaulois. La Gaule romanisée continue, sous les Francs, d'être ce qu'elle est, et de vivre d'une vie qui ne réclame la mention d'aucune révolution pour être expliquée tout entière. Loin d'imposer des mœurs et des institutions, les rois issus de race germanique prennent celles de la nation sur laquelle ils régnèrent, avec sa langue et sa religion. On les voit chausser la chaussure des anciens empereurs romains.

Cette théorie, Mesdames et Messieurs, est connue communément sous le nom de *romanisme* de Fustel de

(1) Page 533.

Coulanges. C'est un fait cependant qu'il se défendait fort d'être appelé un romaniste. « Je ne suis, disait-il avec insistance, ni romaniste, ni germaniste. Je ne veux expliquer ni par Rome ni par la Germanie les destinées de la France. »

On explique communément cette protestation de l'historien par un scrupule d'érudit, une crainte d'être rangé, ne fût-ce qu'en histoire, dans un parti. Que n'ai-je le temps, Mesdames et Messieurs, de vous faire voir là-dedans le fond d'une philosophie, également ennemie de ces aperçus triviaux qui ne conçoivent l'histoire du monde que comme une série de révolutions, et du fatalisme immobiliste qu'on a quelquefois voulu leur opposer ? Fustel croit au changement, au nouveau dans le monde, aux amendements possibles. La féodalité, dans laquelle se résume la plus longue partie de notre histoire, n'est pas le fait d'une Gaule germanisée, il est vrai, mais elle s'est développée dans une Gaule postérieure issue des institutions romaines, non immobilisée dans ces institutions.

Ainsi, point de révolution aux origines de notre histoire. Point de vainqueurs et de vaincus. Une fusion rapide des races, dans une proportion à ce point inégale, que tout souvenir de celle d'où sont sortis les rois, s'efface en quelques générations. Nos institutions, nos mœurs, notre langue, n'en gardent presque point de trace. Voilà la paix mise dans notre histoire. La paix, Messieurs, entre nos morts, gage de paix entre les vivants.

Je voudrais aller plus loin encore et vous montrer, pour finir, dans cette conquête de la science, quelque chose de non moins précieux à d'autres égards : le bienfait que nous tenons de Fustel quant à la connaissance et au culte de nos origines intellectuelles.

Les liens qui nous rattachent aux autres hommes (je ne parle point de ceux que la religion impose) ne sont pas seulement de nation, ils sont aussi d'esprit et de culture. Il y a la communauté de patrie ; il y a celle qu'établit entre les hommes instruits, cultivés par les longs efforts des générations successives, le lien d'une raison disciplinée. Nous appelons civilisation cette tradition de raison, dont la perfection n'est pas l'œuvre d'un jour, ni le privilège des individus, non pas même la création d'une génération tout entière, mais l'œuvre commune et lentement accrue des siècles.

Ne croyons pas, Mesdames et Messieurs, que nous pensions avec notre raison propre. L'instrument de notre pensée, c'est l'héritage de millions d'hommes qui nous ont précédés, qui l'ont essayée avec nous, et par des expériences et écoles successives l'ont amenée au point où nous la trouvons. Cet héritage n'est pas tout dans le sang, il est dans l'éducation surtout, et nous pouvons le négliger, le renier. Depuis cent ans on ne s'en fait pas faute. Le mouvement romantique ne fut dans son essence qu'un essai de révolte intellectuelle, un effort pour secouer les règles salutaires que la sagesse héréditaire imposait à l'esprit des hommes qui naissaient.

Sous l'influence des déclamations allemandes, on s'est avisé que la culture latine tenait en esclavage la raison. Sous ce nom, désormais décrié, le laborieux acquis de l'humanité pensante fut saccagé, jeté aux quatre vents de la folie individuelle. Tous les sophismes d'indépendance dont se repaît le fol orgueil des hommes, servirent à mettre en liberté la présomption, l'erreur, les séductions de l'esprit, enchaînées jusqu'alors. Des erreurs historiques jouèrent leur rôle. On opposait nos origines à Rome. On représentait la latinité triomphante comme la geòlière tardive de notre esprit national.

Ce fut le grand décri de la Renaissance des lettres et des arts, taxée d'intruse précisément par les mêmes personnes qu'on voit prendre en d'autres rencontres la défense de l'humanité contre ce qu'ils appellent le préjugé de la patrie.

L'éloge indiscret du Moyen-Age, mené dans un esprit de combat contre la culture latine, accompagne volontiers l'esprit de révolution. Il procède dans le fond du même instinct. Mesdames, Messieurs, je suis assuré d'un fait. Qui voudra rendre quelque chose du véritable esprit du Moyen-Age, devra dégager et reconnaître, jusque dans ce qu'il eut de plus gothique, les origines latines.

Ces origines ne sont pas autre chose que la culture humaine elle-même. Rome l'avait héritée d'Athènes, qui la tenait de plus haut encore. En révélant nos origines latines, en les mettant hors de contestation, Fustel a retiré tout prétexte aux Français modernes de les exclure. Il nous remet en chemin de les aimer, de les revendiquer de nouveau, de renoncer aux dégoûtants sophismes qui depuis tantôt un siècle les leur rendent suspectes et inutiles. Chose merveilleuse, en mettant l'unité aux sources de notre histoire, il restitue nos origines à la tradition civilisée, il rend à son pays, en même temps que des principes de paix, des titres de noblesse intellectuelle.

N'hésitons pas à le dire. Grâce à ces titres, nous atteignons, par-dessus les limites du temps et de l'espace, à plus loin que la France et les Français. Les bornes de la patrie sont franchies. Mais pour quel soin, Mesdames et Messieurs ! Est-ce pour renoncer à nos intérêts nationaux, au respect et aux devoirs qu'ils imposent, aux liens particuliers qu'ils nouent avec des vivants, avec des morts, avec nos fils et ceux qui naîtront d'eux? A Dieu ne plaise ! Ce n'est que par figure qu'on a le droit de parler de patrie intellectuelle. La vraie patrie est de chair. Mais, dans cette chair, rien n'empêche que vive l'âme de raison communicable au monde. C'est, après la vie même des peuples, l'ambition dont ils s'entretiennent. Prendre le premier rang dans la culture générale et traditionnelle, relever le triomphe d'une sage politique, d'une diplomatie habile, d'armes victorieuses, du prestige d'une pensée florissante, nourrie aux antiques sources et maîtresse du monde, voilà ce que tous les peuples ont souhaité.

Voilà ce que nous souhaitons, Messieurs. Ce rôle, nous l'avons tenu jadis, nous pouvons et devons y aspirer encore. Donner à notre patrie le premier rang dans la cité intellectuelle, c'est notre tâche et notre espoir. Fustel nous y convie, Fustel nous en presse : notre bienfaiteur de deux manières, à titre de Français, à titre d'hommes raisonnables, je dis d'hommes dignes de ce nom, fils conscients du passé et de l'effort des siècles.

FIN

TABLE DES MATIÈRES

Poitiers. — Société française d'Imprimerie et de Librairie.

www.ingramcontent.com/pod-product-compliance
Ingram Content Group UK Ltd.
Pitfield, Milton Keynes, MK11 3LW, UK
UKHW012159240726
13966UKWH00002B/449

9 782011 916709